Zum Lob von Erfurt

MATTHÆꝰ DRESSERꝰ
Philosoph. & histor. Prof. Lips.

Matthäus Dresser

Zum Lob von Erfurt (1567 und 1606)

Zweisprachige Ausgabe
von Kai Brodersen

Kartoffeldruck-Verlag
Speyer 2024

Frontispiz
Johann Azelt (1654–1692): Matthaeus Dresserus, Kupferstich 1688. Österreichische Nationalbibliothek Wien (ÖNB), Bildarchiv und Grafiksammlung, Signatur PORT_00107580_01 POR MAG. Die Genehmigung der Wiedergabe wurde der ÖNB bezahlt.

… *ut nusquam felicius quam Erffordiae literas disci plerique putarent* (S. 48). Anlässlich des Endes meiner Diensttätigkeit ist dieses Buch meinen Kolleginnen und Kollegen am Historischen Seminar der Universität Erfurt gewidmet.

Bibliografische Information der Deutschen Nationalbibliothek

Die Deutsche Nationalbibliothek verzeichnet diese Publikation in der Deutschen Nationalbibliografie; detaillierte bibliografische Daten sind im Internet über http://dnb.d-nb.de abrufbar.

Der Kartoffeldruck-Verlag publiziert zum reinen Selbstkostenpreis Bücher, die in jeder Buchhandlung bestellt werden können – insbesondere für Expertinnen und Experten in Altertumswissenschaft und Schule.

Druck: Libri Plureos GmbH, Friedensallee 273, 22763 Hamburg

2024

www.kartoffeldruck-verlag.de
ISBN 978-3-939526-74-2

Inhalt

Einführung

Wer war Matthäus Dresser?

Matthäus Dresser (auch Drescher genannt, latinisiert Dresserus), geboren am 24. August 1536 in Erfurt, gestorben am 5. Oktober 1607 in Leipzig, war »einer der letzten Humanisten des 16. Jahrhunderts (und) auch als Historiker für seine Zeit bedeutend« (Kämmel 1877, 398).

Dresser stammte aus einfachen Verhältnissen in Erfurt, doch war es ihm möglich, nach einer ordentlichen Schulausbildung vor allem in Erfurt und Eisleben an der Universität Erfurt zu studieren. Besonders beeindruckte ihn hier Martin Seidemann, der fließend Latein und Griechisch sprach und nach Ausweis seiner Schüler ein begnadeter Lehrer war (NN 1808, 533). 1559 erwarb Dresser den Grad des Magister Artium und wurde im Folgejahr selbst Dozent an der Universität, an der er Alte Sprachen unterrichtete.

Der humanistische und reformatorische Ansatz, man müsse die Bibel und historische Quellen aus der Antike in ihrer jeweils eigenen Sprache verstehen können, um sich unabhängig von späteren Deutungen zu machen, und dafür die Literatur (*literae*) und die Wissenschaften (*artes*) studieren, benötigte eben guten Unterricht in den Alten Sprachen. Mit dem *Kleinen Katechismus* Luthers von 1529 und der *Confessio Augustana* von 1530 – beide werden von Dresser genannt – hatten Dresser und seine Zeitgenossen auch eine feste Grundlage für ihre Glaubensüberzeugung.

Martin Luther hatte bereits 1524 in seiner Schrift *An die Radherrn aller stedte deutsches lands: das sie Christliche schulen auffrichten vnd hallten sollen* (die Erfurter Ausgabe bei Bro-

dersen 2023a) dazu aufgefordert, dass die Städte aus eigenem Interesse und auf eigene Kosten von der (katholischen) Kirche unabhängige gelehrte Schulen einrichten sollten, an denen die Alten Sprachen, Geschichte und weitere Fächer unterrichtet werden, um allgemein gebildeten Nachwuchs für die (evangelische) Kirche und für den Staat auszubilden. Gerade in Thüringen waren diese Vorschläge zur Schaffung evangelischer Ratsgymnasien umgesetzt worden, etwa in Gotha und in Nordhausen noch im Jahr 1524. Die Gymnasien in Schulpforta bei Naumburg und St. Afra in Meißen wurden 1543 zu evangelischen Schulen, ein Jahr später die Schule in Eisenach. In Erfurt, das im konfessionellen Streit zwischen dem Mainzer Erzbischof und dem der Reformation zuneigenden Rat stand, gehörte Dresser zu den Gelehrten, die sich bei den Ratsherren für die Gründung einer Evangelischen Ratsschule einsetzten, die der Rat dann 1561 (ohne Einverständnis des Erzbischofs) im weitgehend leer stehenden Augustinerkloster einrichtete. Dresser gehörte bald zu den Lehrkräften an diesem Ratsgymnasium. An der Universität lehrte er weiterhin Alte Sprachen, Rhetorik und Dialektik, auch war er 1566 Dekan.

Der nicht beigelegte konfessionelle Streit brachte Dresser dann aber 1574 dazu, eine Professur der Beredsamkeit (Rhetorik) der an der Universität Jena anzunehmen, doch bereits im Jahr darauf wurde er Rektor der o. g. kurfürstlichen Landesschule St. Afra in Meißen. Im Jahr 1881 übernahm er schließlich die Professur der griechischen und lateinischen Sprache und der Geschichte an der Universität Leipzig; zusätzlich (und gegen zusätzliche Entlohnung) arbeitete er zur Geschichte Kursachsens und war Visitator des höheren Schul- und Universitätswesens. In Leipzig also wirkte Dresser ein Vierteljahrhundert lang, hier war er 1599/1600 Rektor der Universität, hier starb er 1607 und hier wurde er in der Paulinerkirche beigesetzt. Eine lateinische Biographie des Pädagogen und Lexikographen Melchior Adam (um 1575 – 1622) fasst die wesentlichen Details zu Dressers Vita zusammen und ist diesem Band beigegeben.

Welche Werke Dressers hatten große Wirkung?

Matthäus Dresser war ein produktiver Autor. Die aktuellen Verzeichnisse der im deutschen Sprachraum erschienenen Drucke des 16. bzw. des 17. Jahrhunderts (s. u. S. 107) verzeichnen fast 200 Publikationen Dressers zu seinen Lebzeiten; die erste erschien 1566, die letzten in seinem Todesjahr 1607. Auch nach Dressers Tod wurden einige seiner Werke immer wieder neu aufgelegt.

Zu den einflussreichsten Schriften Dressers gehören neben seinen häufig nachgedruckten Büchern für den Unterricht in den Alten Sprachen vor allem die *Rhetorica* (1567), die Theorie und Praxis der öffentlichen Rede in didaktischer geschickter Weise umfassend darlegten, und die *Isagoge Historica* (Einführung in die Geschichte), die seit 1589 in mehreren Teilen erschien. Aus den beiden letztgenannten Werken stammen die in diesem Band präsentierten Schriften.

Welche Kenntnisse zur Antike setzt Dresser voraus?

Matthäus Dresser verlässt sich in diesen beiden Schriften bei seiner Leserschaft auf eine Vertrautheit mit der biblischen und der antiken Literatur und Geschichte. Bezugnahmen auf das biblische Buch *Genesis* (1. Mose 26), auf *Psalm* 122 und auf die vier Reiche im Buch *Daniel* (2 und 7) waren für ein bibelfestes Lesepublikum leicht zu erkennen. Es kannte zudem – wohl aus Vergils *Aeneis* (2,13–55) – den Mythos vom Trojanischen Pferd, in dem sich Männer versteckt hatten. Aus Ciceros *Tusculanae* (5,36) konnte es die Anekdote kennen, dass der Philosoph Aristippos (um 435 – um 355 v. Chr.) nach einem Schiffbruch am Strand eine Tafel mit geometrischen Figuren fand und daraus schloss, dass hier gebildete und also menschenfreundliche Einwohner lebten. Und die Geschichte des Philosophen Kratippos, der im Gespräch mit Gnaeus Pompeius Magnus (106–48 v. Chr.), dem Politiker und Feldherrn (und

Gegenspieler Caesars) das Ende der römischen Republik vorhergesagt habe, war der Leserschaft wohl aus Plutarchs Biographie des *Pompeius* (75,3–4) bekannt.

Matthäus Dresser bezieht sich unter den griechischen Autoren auf Homers *Ilias* und *Odyssee* (7. Jh. v. Chr.) und auf Herodot mit seinen *Historien* (5. Jh. v. Chr.), zweimal auf den Tragödiendichter Euripides (5. Jh. v. Chr.), in einem Fall davon auf ein bei Plutarch (1./2. Jh. n. Chr.) überliefertes Zitat. Der große Philosoph Aristoteles (4. Jh. v. Chr.) wird mit einem Gedanken angeführt, aus den *Idyllen* des hellenistischen Dichters Theokrit (3. Jh. v. Chr.) zitiert Dresser zweimal wörtlich. Ebenso herangezogen werden die geographischen Schriften des Strabon von Amaseia (um 63 v. Chr. – um 23 n. Chr.) und des Claudius Ptolemaios (2. Jh. n. Chr.). Nicht zuletzt erscheint der griechische Kirchenvater Basilius d. Gr. (4. Jh. n. Chr.), von dem Dresser just 1567 ein lateinische Teilübersetzung publizierte. Unter den lateinischen Autoren wird Cicero (1. Jh. v. Chr.) nicht nur indirekt für die o. g. Anekdote, sondern auch direkt mit seinem Werk *De officiis* angeführt. Ebenso bezieht sich Dresser auf die um die Zeitenwende wirkenden Dichter Vergil (s. o.) und Ovid an, außerdem auf die *Naturkunde* des gelehrten Gaius Plinius Secundus d. Ä. (1. Jh. n. Chr.).

Deutlich wird also, wie Dresser und sein Lesepublikum mit der antiken Geschichte und mit Autoren, deren Werke im Humanismus zentrale Bedeutung hatten, vertraut war. Ja, auch manche auf Griechisch wiedergebene Begriffe – ἄνυδρος (wasserlos), κατήχησις (Katechese) – bleiben unübersetzt.

Bemerkenswert sind die von Dresser wiedergegebenen Versuche, antike Belege für Erfurt und Thüringen zu finden. Erfurt sei das bei Claudius Ptolemaios genannte Βικούργιον (Bikurgion) und die Thüringer seien die bei Strabon genannten Τυρεγέταις (Tyregetai) und die bei Claudius Ptolemaios genannten Τυραγγεῖται oder Τυραγγέται (Tyrangeitai oder Tyrangetai). Diese (wenig plausiblen) Identifikationen setzen

voraus, dass jene in der Antike in Kleinasien oder Asien verorteten Stämme nach Thüringen gekommen seien.

Was bietet Dressers Städtelob?

Seine Vaterstadt Erfurt war für Matthäus Dresser zeitlebens von großer Bedeutung. So fügte er als Beispiel für eine Rede zum Städtelob in seine *Rhetorica* (1567) seine Lobrede auf Erfurt ein, in der er sich zu seiner Heimatliebe bekannte, und im fünften Teil der *Isagoge Historica* (1606), in dem er fast 200 deutsche Städte vorstellt, fasst er kurz vor seinem Tod die Geschichte seiner Vaterstadt von den Anfängen bis in seine Zeit übersichtlich zusammen.

Beide Schriften werden im vorliegenden Band präsentiert. Für die Lobrede von 1567 gab es bisher gar keine Übersetzung, von der Geschichtsdarstellung (1606) erschien zwar 1607 eine Übersetzung, in der aber die lateinischen Verse unübersetzt bleiben. Auch die Biographie von Adam war bisher nur auf Latein zugänglich.

Dresser schrieb sein einflussreiches Rhetorik-Buch in Erfurt. Es wurde erstmals 1567 – Dresser lehrte seinerzeit an der Universität und im Ratsgymnasium Erfurt – in Basel publiziert und später wiederholt neu gedruckt.

Das Werk hat folgenden Titel: *Rhetorica inventionis et dispositionis, illustrata et locupletata quam plurimis Exemplis, Sacris et Philosophicis* (Rhetorik der Stoff-Findung und Stoff-Anordnung, illustriert und bereichert mit sehr vielen Beispielen, heiligen und philosophischen). Schon auf seinem Titelblatt wirbt es mit folgender Aussage: *Habes hic Lector, non solum scribendi dicendique modum per praecepta expressum: sed insuper ipsam etiam formam, quam ceu filum sequaris: propositis omnium fere argumentorum quae incidere possunt exemplis, quae et omnium instituto convenire queant, et merito ad capessen-*

dum scribendi laborem invitare discentes debeant. (Hier hast du, Leser, nicht nur die Methode des Schreibens und Redens durch Regeln ausgedrückt, sondern zusätzlich auch die Form selbst, der du wie einem Faden folgen kannst: mit Beispielen von fast allen Themen, die vorkommen können, die sowohl für alle Zielsetzungen passend sein können als auch mit Recht die Lernenden dazu einladen sollen, sich der Aufgabe des Schreibens zu widmen.)

Im Kapitel über die *Laudatio Urbium*, das Städtelob, gibt Dresser dann als Leitfaden folgende Themen (*loci*) für diese Redegattung an, wenn er schreibt:

> *Sumuntur autem laudes urbium ex his fere locis:*
> 1. *a situ.*
> 2. *ab antiquitate.*
> 3. *ab aedificiis.*
> 4. *a fluminibus, quibus rigantur.*
> 5. *a qualitate soli.*
> 6. *a qualitate aeris.*
> 7. *a moribus civium.*
> 8. *a forma Reipub(licae).*
> 9. *ab Ecclesia et scholis.*
> 10. *a rebus gestis, et praeclaris viris.*
>
> Die Lobreden auf Städte aber werden etwa den folgenden Themen entnommen:
> 1. von der Lage.
> 2. vom Alter.
> 3. von den Gebäuden.
> 4. von den Flüssen, von denen sie bewässert werden.
> 5. von der Qualität des Bodens.
> 6. von der Qualität der Luft.
> 7. von den Sitten der Bürger.
> 8. von der Form des Staats.
> 9. von der Kirche und den Schulen.
> 10. von den Taten und berühmten Männern.

Damit sind die *Inventio* und die *Dispositio*, also die Auffindung und die Anordnung des Stoffs, nachgerade mustergültig dargelegt. Ein Vergleich mit einem Kollegen Dressers, der ebenfalls an der Universität und am Evangelischen Ratsgymnasium Erfurt unterrichtete und Dresser sicher kannte, mag dies erhellen: Anton Moker (Moeker, um 1540–1607; zur Person s. Brodersen 2024a).

1560, also in dem ersten Jahr von Dressers Lehrtätigkeit an der Universität Erfurt, nahm der aus Hildesheim stammende Anton Moker hier das Studium auf. Nach seinem 1564, fünf Jahre nach Dresser, erworbenen Magister-Grad unterrichtete auch er dann, wie Dresser, an der Universität und am Evangelischen Ratsgymnasium in Erfurt und publizierte 1573 eine Städtelobrede auf seine Vaterstadt Hildesheim (Ausgabe: Brodersen 2024b). Und tatsächlich folgt Moker hierin den von Dresser 1567 empfohlenen Ratschlägen zu *Inventio* und *Dispositio* einer solchen Rede und handelt alle bei Dresser genannten Punkte ab. Ja, selbst die jeweiligen Aussagen zu Längen- und Breitengrad (im Kapitel *a situ*) und zum lokalen Bier (das unter *a qualitate soli* besprochen wird), das in Erfurt »ein nicht unangenehmes, sondern gesundes und schmackhaftes Getränk« sei, sind bei Moker und Dresser ähnlich. Dresser fügt übrigens in seiner Erfurt-Rede in das Städtelob-Schema nach dem Kapitel »vom Alter« noch ein Kapitel »vom Namen« ein (weshalb sich in seiner Städtelobrede über Erfurt die Zählung ab dann verschiebt).

Was bietet Dressers Geschichtsdarstellung?

Die Geschichtsdarstellung Dressers folgt im Wesentlichen einem chronologischen Prinzip. Innerhalb dieses Rahmens bietet Dresser immer wieder Exkurse, deren längster der Universität Erfurt gilt. Dabei geht er wiederholt über den Zeitpunkt hinaus, mit dem der jeweilige Exkurs beginnt. In der vorliegenden Neuübersetzung finden sich Zwischenüberschriften.

Sie sollen eine bessere Orientierung in der nicht streng chronologischen Darstellung ermöglichen.

Die Universität Erfurt, an der Matthäus Dresser tätig war, als er die Städtelobrede schuf, nennt er in Städtelob 1567 »die älteste Universität in Deutschland, abgesehen von wenigen anderen: nämlich der Mainzer, der Trierer und auch der Heidelberger«. Diese Aufzählung führt andere alte Universitäten nicht an, darunter Köln (gegründet 1388) und Leipzig (1409), wo Dresser später selbst tätig werden sollte; sie nennt aber Trier (1473) und Mainz (1477). In seiner Geschichtsdarstellung von 1606 gibt Dresser dann an, dass die Universitäten in Wittenberg (1502) und Leipzig (1409) blühen; erwähnt werden hier zudem *Collegia*, also die Wohn- und Lehrstätten von Studenten in den Universitätsstädten.

Was bietet das vorliegende Buch?

Dem (für Lateinlernende der heute in der Schule üblichen lateinischen Orthographie angepassten) lateinischen Text (in dem Abkürzungen in runden Klammern ergänzt werden) ist jeweils eine einfache deutsche Prosa-Version gegenübergestellt. Die in den Originalen am Rand stehenden Kapitelbeschreibungen sind als Zwischenüberschriften eingefügt, in der Geschichtsdarstellung sind sie ergänzt (s. o.). Hinweise zur Identifizierung von Personen und Namen stehen in eckigen Klammern und sind im Personenverzeichnis am Ende erklärt.

Matthäus Dresser hat seine Vaterstadt Erfurt zweimal gewürdigt, 1567 und 1606. Der vorliegende Band bietet beide Schriften im lateinischen Original und in einer neuen deutschen Übersetzung und möchte damit allen an der Geschichte der Stadt Interessierten und allen Lateinlernenden die Beschäftigung mit der Geschichte Erfurts und ihrer Darstellung in der frühen Neuzeit erleichtern.

Texte und Übersetzungen

De Erffordia (1567)

Etsi multa sunt quae me absterrere merito posse videntur, ne Erffordiae exemplo ad declarandum hoc laudationis genus utar: tamen non pauciora me, ut id subterfugere non possim, invitant.

Primum enim, quamvis arroganter alicui forte facere videar, quod propriae patriae laudes describere coner: tamen arrogantia omnem ut opinor, facile excusabit amor iustus, quem in me non exiguum erga hanc meam patriam esse libenter fateor. Ac opto ad exemplum coniugis Erechti apud Euripidem, ut alii quoque simili pietate eam amplectantur.

Deinde temerarium esse hoc meum institutum nonnulli fortasse iudicabunt, quod ego neque usu rerum edoctus, neque historiarum Turingicarum cognitione instructus, de hac urbe scribere animum inducam. Verum hoc quoque crimen, ut spero, amolietur necessitas. quae qualis sit, inde facile quivis noscere poterit.

Laudare urbem aliquam omnino necesse habeo, ut exemplum discentibus proponam. Quam autem urbem magis ornare me decet, quam illam, quae me ceu pia mater genuit, enutrivit, et adhuc benigne fovet, alimentum et domicilium suppeditas? Quare totidem res sunt quae mihi veniam conciliabunt et merebuntur apud bonos viros, quot ad sinistrae

Über Erfurt (1567)

Obwohl es viele Dinge gibt, die mich mit Recht abschrecken könnten, Erfurt als Beispiel für diese Art von Lob zu verwenden, laden mich doch auch nicht wenige dazu ein, so dass ich mich dem nicht entziehen kann.

Erstens: Auch wenn es jemandem vielleicht arrogant erscheinen mag, wenn ich versuche, das Lob meiner eigenen Vaterstadt zu schreiben, wird doch, wie ich hoffe, jegliche Arroganz leicht durch die gerechte Liebe entschuldigt, die ich in nicht geringem Maß für diese meine Vaterstadt zu empfinden gestehe. Und ich wünsche, dass andere sie ebenso pietätvoll umarmen, nach dem Vorbild der Gattin des Erechtheus [Praxithea] bei Euripides [*Frg.* 411 bei Plutarch, *Praecepta gerendae reipublicae* 13, *Moralia* p. 809d: φιλῶ τέκν᾽, ἀλλὰ πατρίδ᾽ ἐμὴν μᾶλλον φιλῶ / Ich liebe die Kinder, aber meine Vaterstadt liebe ich mehr].

Zweitens werden einige es vielleicht als verwegen beurteilen, dass ich mir vornehme, über diese Stadt zu schreiben, ohne durch die Erfahrung der Dinge belehrt oder durch die Kenntnis der thüringischen Geschichte instruiert zu sein. Doch auch dieses Vergehen, so hoffe ich, wird durch die Notwendigkeit entkräftet, die jedermann leicht aus der gegebenen Situation erkennen kann.

Ich muss ja überhaupt irgendeine Stadt loben, um den Lernenden ein Beispiel vorzulegen. Welche Stadt sollte ich jedoch eher ehren als diejenige, die mich wie eine fromme Mutter geboren, ernährt und mich immer noch freundlich versorgt, mir Unterkunft und Nahrung gewährt? Deshalb gibt es genauso viele Gründe, die mir bei guten Menschen Nachsicht verschaffen und verdienen werden, wie es Gründe gibt, die zu einem

voluntatis suspicionem adducere videntur. Arrogantiae enim seu ambitioni oppono pietatem, temeritati necessitatem.

Si cui minus satisfacere suscepto negocio videor, is hoc habeat responsum, me non ex professo id agere, ut hanc urbem pro ipsius dignitate et amplitudine laudem: sed tantum exemplum qualecunque in ea studiosis monstrare velle. Quapropter breviter per locos, ex quibus urbes laudari solent, ibo: et (ut cum poeta loquar) summa sequar tantum fastigia rerum. Incipio autem a situ.

(1.) Situs

In nobili Turingorum provincia medium locum obtinet Erffordia: et est caput eius, ac quasi horreum. Civitas ipsa ampla est valde, et in plano sita: nisi quod duos colles habet, in quorum uno magnifica templa sunt, alterum beatae virgini Mariae, alterum D(ivi) Severo sacratum. Alter, Petri nomen habet, in quo est augustum et regium monasterium S. Petri, fundatum atque exaedificatum a Dagoberto Franciae rege, ut postea dicam.

Cum autem ex coeli intuitu, et eiusdem ad terram collatione, optime loci et urbis cuiuslibet situs cognosci possit: hos etiam numeros addo. Distat ergo Erffordia ab aequatore, gradus 51. m. 10. Longitudinem vero eius apparet esse graduum 28. m. 30. Unde sane, e qua in parte mundi haec urbs sita sit, e quanto intervallo ab aliis distet, etiam ab exteris facile intelligi potest.

Verdacht auf böse Absichten führen könnten. Der Arroganz oder dem Ehrgeiz setze ich nämlich die Pietät entgegen, der Verwegenheit die Notwendigkeit.

Wenn jemand glaubt, dass ich die Aufgabe weniger zufriedenstellend gelöst habe, möge er als Antwort nehmen, dass ich nicht beabsichtige, diese Stadt nach ihrer Würde und Größe zu loben, sondern nur als ein Beispiel, wie auch immer es geartet sein mag, den Studierenden aufzeigen will. Deshalb werde ich kurz die Punkte durchgehen, nach denen Städte gewöhnlich gelobt werden, und (um mit dem Dichter zu sprechen) werde nur die höchsten Gipfel der Dinge berühren [Vergil, *Aeneis* 1,324]. Ich beginne aber mit der Lage.

1. Lage

Erfurt nimmt in der edlen Provinz der Thüringer eine Position in der Mitte ein. Sie ist ihre Hauptstadt und gewissermaßen ihre Kornkammer. Die Stadt selbst ist sehr groß und liegt in einer Ebene, abgesehen davon, dass sie zwei Hügel hat, auf denen prächtige Kirchen stehen: Die eine ist der seligen Jungfrau Maria, die andere dem Heiligen Severus geweiht. Der andere Hügel trägt den Namen des Petrus, auf dem sich ein ehrwürdiges und königliches Kloster des St. Petrus befindet, das von Dagobert [III.], dem König des Frankenreichs, gegründet und erbaut wurde, wie ich später [S. 20/21] sagen werde.

Da man jedoch den Ort und die Lage einer jeden Stadt am besten durch die Betrachtung des Himmels und den Vergleich desselben mit der Erde erkennen kann, füge ich auch diese Zahlen hinzu: Erfurt also liegt 51 Grad und 10 Minuten vom Äquator entfernt. Seine Länge scheint 28 Grad und 30 Minuten zu betragen. In welcher Weltregion und in welcher Entfernung von anderen Orten diese Stadt liegt, kann daraus leicht erkannt werden, auch von Auswärtigen.

(2.) Vetustas

Quia vero vetustatis laus magna esse non immerito solet, ita ut quo quidque antiquius est, eo quoque melius esse ducatur: respiciendum est, quoad longissime per historias licet, ad praeterita tempora, ut quae huius urbis origo, quaeque incrementa sint, eruatur.

Constat autem, Erffordiam caepisse initium suum tempore Arcadii et Honorii, optimorum Imperatorum; circa annum Christi nati 438. florente adhuc Ecclesia, et doctoribus saluberrimis affluente, imminenteque iam tristi inclinatione et devastatione imperii Romani. Cum enim anno octavo imperii Honorii, qui est annus nati Christi 406, Franci occupata urbe Trevirorum a Romanis, propter Lucii Romani praesidis nefarium scelus defecissent, et proprium regnum sibi peperissent: placuit Turingis quoque, regem sibi deligere. asciverunt igitur de consilio regis Francisci Mergium, cuius regiae potestati parerent.

Hic Mergius extruxit arcem prope Erffordiam, quae Mergisburgk vulgo nominatur. Ab eo tempore Erffordia aedificari coepta est: ita ut postea Anno Christi 436 extructa et exornata turribus, aedificiis et templis, urbis speciem prae se tulerit. Haec fuëre huius urbis primordia.

Incrementa vero tanta sumpsit, ut dictu difficile sit. In primis vero magnam opem ad exornationem et amplificationem illius attulit Galliae rex Dagobertus. Is enim pertaesus iam belli, quietisque factus appetentior, in Turingiam secessisse dicitur, ibique Monachis sua bona ultro obtulisse, et quasi consecrasse, instituto monasterio ordinis Benedictini in monte D(ivi) Petri.

2. Alter

Da das Lob des Alters mit Recht groß ist, so dass je älter etwas ist, es auch desto besser gilt, muss man, soweit es durch die Geschichtswerke erlaubt ist, auf die vergangenen Zeiten zurückblicken, um zu erfahren, was der Ursprung und das Wachstum dieser Stadt sind.

Es steht aber fest, dass Erfurt seinen Anfang in der Zeit des Arcadius und Honorius, der besten Kaiser, nahm, um das Jahr 438 nach Christi Geburt [unten S. 58/59 plausibler 400], als die Kirche noch blühte, von den heilsamsten Lehrern erfüllt war und schon der traurige Niedergang und die Zerstörung des Römischen Reiches drohte. Im achten Jahr der Herrschaft von Honorius, welches das Jahr 406 [tatsächlich 392] nach Christi Geburt ist, waren nämlich die Franken, nachdem sie die Stadt Trier von den Römern erobert hatten, wegen des schändlichen Verbrechens des römischen Fürsten Lucius abtrünnig geworden und hatten sich ein eigenes Königreich geschaffen, und es gefiel auch den Thüringern, sich einen König zu wählen. Sie nahmen sich also auf Rat des Königs der Franken einen König namens Mergius [Merovech], dessen königlicher Macht sie gehorchten.

Dieser Mergius baute eine Burg in der Nähe von Erfurt, die im Volksmund Mergisburgk [Möbisburg] genannt wird. Von dieser Zeit an begann Erfurt gebaut zu werden, so dass es dann im Jahr Christi 436 errichtet und mit Türmen, Gebäuden und Kirchen geschmückt wurde und die Ansicht einer Stadt erweckte. Das waren die Anfänge dieser Stadt.

Das Wachstum aber war so groß, dass es schwer zu beschreiben ist. Vor allem trug der König von Gallien, Dagobert [III.], zur Verschönerung und Vergrößerung der Stadt bei. Er war nämlich des Krieges müde und der Ruhe begieriger geworden und zog sich nach Thüringen zurück, wo er den Mönchen freiwillig seine Güter überließ und gleichsam weihte, indem er ein Kloster des Benediktinerordens auf dem Berg des Heiligen Petrus gründete.

Fuit tunc in eo loco urbis, ubi nunc Bruletum est, sylva cervis abundans, quam ante dictus rex una cum aliis multis reditibus Petrensi monasterio donavit: mansitque postea appellatio loci, ut tunc quoque cum aedificiis excultus et urbi adiectus est, Cervi bruletum denominetur.

Postea sub Pipino Galliae praefecto, Turingia ad religionem et fidem Christianam conversa est, per Bonificium monachum doctissimum: qui etiam templum beatae Mariae Erffordiae ingentibus sumptibus aedificavit: et insuper Episcopatum constituit, qui tamen non diu ibi duravit, sed mox Moguntiam translatus est, circa annum Christi nati 720.

Est quoque tunc conditum insigne et admirabile baptisterium, quod nunc hodie in templo S. Severi reperitur. Et haec quidem omnia ex liberalissimarum eleemosynarum collectione atque coacervatione, constructa atque perfecta esse dicuntur.

Tandem circa annum salutiferi Virginis partus 1066, muris fossisque aqueis profundissimis urbs cincta et munita est: accrevitque insigniter edificiis praeclaris, domibus, monasteriis, et templis quamplurimis.

Quidam longius huius urbis originem arcessunt, et Ptolemaeo quoque notam fuisse Erffordiam existimant. Quod enim ille vocat Bicurgium, id hodie Erffordiam dici autumant. Sed de hoc iudicet, qui velit.

An dem Ort der Stadt, wo sich jetzt der Brühl befindet, war damals ein Wald, reich an Hirschen, den der oben genannte König zusammen mit vielen anderen Einkünften dem Petrus-Kloster schenkte, und die Bezeichnung des Ortes blieb bestehen, so dass er auch, nachdem er mit Gebäuden bebaut und der Stadt hinzugefügt worden ist, noch immer Hirschbrühl genannt wird.

Später wurde unter Pippin [d. J.], dem Präfekten von Gallien, Thüringen zur christlichen Religion und Glauben bekehrt, durch den sehr gelehrten Mönch Bonifaz, der auch die Kirche der Seligen Maria in Erfurt mit riesigen Kosten baute und außerdem ein Bistum errichtete, das jedoch nicht lange dortblieb, sondern bald nach Mainz verlegt wurde, etwa im Jahr 720 nach Christi Geburt.

Zu dieser Zeit wurde auch das berühmte und bewundernswerte Baptisterium errichtet, das heute in der Kirche von St. Severus zu finden ist. Und all diese Dinge sollen durch die Sammlung und Zusammenführung äußerst freigebige Almosen errichtet und vollendet worden sein.

Schließlich, etwa im Jahr 1066 nach der Geburt durch die Heil bringenden Jungfrau, wurde die Stadt mit Mauern und sehr tiefen Wassergräben umgeben und befestigt und sie wuchs bedeutend durch prächtige Gebäude, Häuser, Klöster und viele Kirchen an.

Manche führen den Ursprung dieser Stadt noch weiter zurück und glauben, dass Erfurt auch schon dem [Claudius] Ptolemaios [*Geographie* 2,11,29: Βικούργιον / Bikurgion] bekannt gewesen sei. Was er nämlich Bicurgium nennt, behaupten sie, sei heute Erfurt. Aber darüber soll urteilen, wer will.

Quoquo autem modo se res habet, constat sane pervetustam esse hanc civitatem, utpote quae nunc ultra centum et mille annos stetit. Si autem gentem ipsam a qua incolitur, spectes, multo adhuc illa est vetustior. Nemo enim dubitat, Tynohemos, quos Ptolemaeus nominat, esse Turingos: sicut etiam ipsum nomen satis coarguit.

Et fit mentio Turingorum passim in historiis Caesarum Romanorum, Valentis et Theodosii: quae omnia antiquitatem huius gentis demonstrant. Quis enim adeo est rerum imperitus, ut nesciat, tempore Valentis, cum Constantinopolis oppugnaretur a Gotthis, Turingos strenue Imperatorem adiuvisse? Quis ignorat, sub Theodosio Turingos una cum Saxonibus, ad defendendos contra Sarmatas imperii limites, exercitum duxisse?

Denique adeo nobilitata est virtus Turingorum, ut non solum coniugii foedera Romanis ducibus cum regibus Turingorum intercesserint, sed etiam ad Imperatoriam dignitatem praesides Turingici evecti sint. Nemini enim ignotum esse arbitror. Landgravium Turingiae Henricum, electum esse Imperatorem Lugduni: quamvis mox fortunae iniquitate pressus, vita Deo et naturae reddiderit, cum Ulmae globo traiectus periit.

Haec insignis fortitudo, animositas et industria bellica Thyrigetarum, praedicatur passim a multis rerum scriptoribus. Certum est enim praeclaram operam navasse Turingos multis imperatoribus, in expeditionibus: et isto etiam nomine in primis charos illis fuisse. Sed haec longius persequi non est opus, cum nemini Thyrigetarum virtus ignota sit.

Wie auch immer die Sache liegt, es ist sicher, dass diese Stadt sehr alt ist, da sie nunmehr über tausend Jahre Bestand hat. Wenn man jedoch das Volk selbst, das sie bewohnt, betrachtet, ist sie noch viel älter. Niemand zweifelt nämlich daran, dass die Tynohemi, die [Claudius] Ptolemaios [3,5,25: Τυραγγεῖται / Τυραγγέται] nennt, die Thüringer sind, wie auch der Name selbst deutlich zeigt.

Und die Thüringer werden überall in den Geschichten der römischen Kaiser Valens und Theodosius [I.] erwähnt. All dies zeigt das Alter dieses Volkes. Wer ist so wenig in den Dingen bewandert, dass er nicht weiß, dass die Thüringer zur Zeit des Valens, als Konstantinopel von den Goten belagert wurde, dem Kaiser tatkräftig geholfen haben? Wer weiß nicht, dass die Thüringer zusammen mit den Sachsen unter Theodosius ein Heer führten, um die Grenzen des Reiches gegen die Sarmaten zu verteidigen?

Schließlich ist die Tugend der Thüringer so berühmt, dass nicht nur Ehebündnisse zwischen römischen Anführern und den Königen der Thüringer geschlossen wurden, sondern auch Thüringer Fürsten zur kaiserlichen Würde erhoben wurden. Es ist sicherlich niemandem unbekannt, dass Heinrich [IV. Raspe], der Landgraf von Thüringen, in Lyon [1245] zum Kaiser gewählt wurde; allerdings wurde er bald darauf vom Schicksal niedergedrückt und gab sein Leben Gott und der Natur zurück, als er in Ulm von einer Kugel getroffen wurde und starb.

Diese außergewöhnliche Tapferkeit, Kühnheit und militärische Tüchtigkeit der Thüringer wird von vielen Geschichtsschreibern weithin gepriesen. Es ist sicher, dass die Thüringer vielen Kaisern in ihren Feldzügen großartige Dienste geleistet haben und deshalb auch besonders geliebt wurden. Aber es ist nicht notwendig, dies weiter zu verfolgen, da die Tapferkeit der Thüringer niemandem unbekannt ist.

(3.) Nomen

Nomen autem Erffordiae inde ortum esse tradunt. Fuit in eo loco ubi nunc fere est templum D(ivi) Andreae, villa cognomento Schildemoda. ad hanc, transitum seu passagium, ut vocant, habuit celebris quidam molitor in Bruleto, per leram ibi stagnanten. Illi molitori nomen fuit Erff. inde urbem totam Erffordiam, quasi dicas Erffsfurdt, appellatam esse serunt. Est autem haec urbs aedificiis quamplurimis referta et amplificata, adeo ut latissime sese extendat.

4. Aedificia

Templa habet frequentissima. In extruendis autem domibus mediocritatem adhibent cives, quae in omni usu cultuque vitae laudatur: caventque, ne inutili sumptu et magnificentia extra modum prodeant: quo in genere multum boni inest, teste Cicerone. Nec tamen deest aedificiis mundicies, ornatus et elegantia.

Pagos habet in vicinia multos et proprios, non solum splendidis aedificiis exornatos et ampliatos. sed pratis et fertilibus agris divites.

Arcem habet extra moenia, sed tamen proxime urbem in vertice montis satis munitam, et rebus ad defensionem necessariis instructam, cui a D(ivo) Cyriaco nomen inditum est.

3. Name

Man berichtet, dass der Name Erfurts von folgendem abgeleitet ist: Es gab an der Stelle, wo sich jetzt ungefähr die Kirche des Heiligen Andreas [im Brühl, s. S. 58/59] befindet, ein Dorf namens Schildemoda. Dort hatte ein bekannter Müller im Brühl, durch den Fluss Iera [Gera], der dort einen Teich bildet, einen Übergang oder Pass, wie man sagt. Dieser Müller hieß Erff. Daher wird erzählt, dass die gesamte Stadt Erfurt, als ob man Erffs Furt sagen würde, genannt wurde. Diese Stadt ist jedoch mit sehr vielen Gebäuden angefüllt und erweitert, so dass sie sich sehr weit ausdehnt.

4. Gebäude

Die Stadt hat sehr viele Kirchen. Beim Bau der Häuser zeigen die Bürger eine bewundernswerte Mäßigung, die in allen Lebensbereichen gelobt wird, und sie achten darauf, nicht in unnötige Ausgaben und übermäßige Pracht zu verfallen, was Cicero [*De officiis* 1,39.139–140] als eine Tugend lobt. Dennoch fehlt es den Gebäuden nicht an Sauberkeit, Schmuck und Eleganz.

Dörfer gibt es in der Nähe viele und besondere, die zu ihr gehören, nicht nur mit prächtigen Gebäuden geschmückt und erweitert, sondern auch reich an Wiesen und fruchtbaren Feldern.

[Erfurt] hat eine Festung außerhalb der Stadtmauern, jedoch nahe bei der Stadt, auf dem Gipfel eines Hügels, gut befestigt und mit für die Verteidigung Notwendigem ausgestattet, der man den Namen nach dem Heiligen Cyriacus gegeben hat.

5. Flumina

Flumen unum habet praecipuum, quod in urbe passim copiose fluit, ambitioseque eam rigat, expurgans sordes et inquinamenta. nomen ei est lera.

Abundat etiam fontibus saluberrimis. Proxime urbem est multarum scaturiginum concursus, unde aqua largissime promanat, et civibus multa commoda praestat. Intus vero tam multi cum publici tum privati civium singulorum fontes sunt, ut vix domum unam ἄνυδρον reperias. Haec fontium abundantia magnam parit amoenitatem toti urbi. multi hinc horti, multae piscinae irrigantur, aluntur arbores, et omnis generis sata.

6. Soli fertilitas

Solum porro praecipua quadam bonitate et fertilitate donatum est, et fruges fert tanta cum liberalitate et ubertate, quanta vix ulla alia Germaniae regio. Qua quidem in re coelestibus etiam causis adiuvari videtur, quas tamen brevitatis causa conmemorare nolo.

Mira praedicant de ubertate proventuum campi Turingici veteres agricolae, et unum frumenti medimnum a terra acceptum plus decuplo redditum esse affirmant. Sed nunc aliquanto infoecundior ficta esse videtur, quando omnia una cum ingravescente, et ad finem magna contentione properante mundo senescunt, et languidiora redduntur. Veruntamen gignit adhuc ager Erffurdensis sextuplum, et octuplum, pro ut ratio feri: quod foenus sane haud exiguum est, et immensi beneficii loco numerandum.

5. Flüsse

Die Stadt hat einen Hauptfluss, der reichlich durch die Stadt fließt und sie emsig bewässert, wobei er Schmutz und Unrat wegschafft. Sein Name ist Iera [Gera].

Die Stadt ist auch reich an sehr gesunden Quellen. In der Nähe der Stadt gibt es den Zusammenfluss vieler sprudelnder Quellen, aus denen sehr reichlich Wasser fließt und den Bürgern viele Vorteile bringt. Innerhalb der Stadt gibt es sowohl öffentliche als auch private Brunnen in Hülle und Fülle, so dass kaum ein Haus ἄνυδρος (wasserlos) zu finden ist. Dieser Überfluss an Brunnen verleiht der gesamten Stadt große Anmut. Viele Gärten und viele Fischteiche werden dadurch bewässert, Bäume und Pflanzen aller Art werden genährt.

6. Fruchtbarkeit des Bodens

Der Boden ist weiterhin mit einer besonderen Güte und Fruchtbarkeit gesegnet und bringt so freigebige und üppige Ernten hervor, wie kaum eine andere Region in Deutschland. In dieser Hinsicht scheint er auch durch himmlische Ursachen begünstigt zu sein, die ich jedoch aus Gründen der Kürze nicht erwähnen möchte.

Die alten Bauern preisen die Fruchtbarkeit des Bodens in Thüringen und behaupten, dass ein einziger Scheffel, der vom Boden aufgenommen wurde, mehr als das Zehnfache zurückgebracht hat. Aber jetzt scheint er etwas weniger fruchtbar zu sein, da alles zusammen mit der alternden und sich dem Ende entgegenstrebenden Welt verwelkt und schwächer wird. Dennoch bringt das Erfurter Land noch das Sechs- bis Achtfache hervor, was ein gewaltiger Ertrag ist und als immense Gabe angesehen werden sollte.

Etsi autem agros Geraris vicinos centuplum genuisse Isaaco, sacra Scriptura testatur: quod idem quoque de Aegyptiaca ac Byzacena terra Plinius refert, et Herodotus de Bibylonico campo asserit, quod pro uno modio ducentos, aut etiam trecentos refundat: tamen haec quoque non est exigua ubertas, qua Deus Turingicum solum donavit, ut quae ad victum salubrem et optatum hominibus temperantibus maxime sufficiat, et alios etiam vicinos populos ex Turingia frumentum petere et auchere iubeat.

Etsi autem Turingia propter pinguedinem et foecunditatem agrorum plus satis ad corporis sustentationem commeatus habere videatur tamen cum Deus punire gentem vult, inter caetera mala etiam agrorum sterilitatem immittit. id quod anno a nato Christo 1438 Turingia insigniter experta est. Eo enim tempore tanta fames totam illam regionem oppressit et divexavit, ut inopia panis pene innumerabiles homines quotidie morerentur, adeo ut non regio viae ulla, non in urbe vicus ac platea, mortuorum corporibus vacua relinqueretur. Unde sane multa milia hominum misere fame inediaque diu excruciati, tandem contabescentes mortui conciderunt.

Cuius rei memoria frequens est Erffordiae, cum propter monumenta quae conservantur hodie tum propter consuetudinem pinsendi panes minutos, exigui orbiculi instar, quos Marcesios vocant, quosque singulis annis circa diem D(ivi) Marci pistores divendunt, quorum unus tribus nummis nostratibus valuisse dicitur.

Hoc horrendum spectaculum considerare atque meminisse nos oportet, ut intelligamus, divinitus contingere alicui terrae foecunditatem: et Deum saepe contemptum suorum

Obwohl die heiligen Schriften bezeugen, dass die benachbarten Felder von Ierar hundertfachen Ertrag für Isaak geliefert haben [*1. Mose* 26,12], was auch Plinius [d. Ä.] von der Erde in Ägypten [*Naturkunde* 18,47.167] und Bycazium [in Nordafrika, *Naturkunde* 5,3.24] berichtet und was Herodot [*Historien* 1,193] vom babylonischen Boden behauptet, dass er für einen Scheffel 200 oder sogar 300 zurückgibt, so ist dies dennoch kein geringer Überfluss, mit dem Gott den thüringischen Boden gesegnet hat, so dass er für einen gesunden und angemessenen Lebensunterhalt der Menschen reichlich genügt und auch andere benachbarte Völker dazu bringt, Getreide aus Thüringen zu suchen und zu erhalten.

Auch wenn Thüringen wegen der Fruchtbarkeit und Fülle seiner Felder scheinbar mehr als genug für den Lebensunterhalt hat, wird Gott, wenn er das Volk bestrafen will, neben anderen Übeln auch die Unfruchtbarkeit der Felder senden. Dies erlebte Thüringen besonders im Jahr 1438 nach der Geburt Christi. Zu dieser Zeit bedrängte und quälte nämlich eine solche Hungersnot die gesamte Region, dass unzählige Menschen täglich an Brotmangel starben, so dass keine Straße in der Region, keine Gasse und keine Straße in der Stadt ohne Leichname blieb. Aus diesem Grund starben viele tausend Menschen, die lange Zeit schrecklich unter Hunger und Elend litten, schließlich jämmerlich und verfielen.

Die Erinnerung daran ist in Erfurt häufig gegenwärtig, sowohl wegen der Denkmäler, die bis heute bewahrt werden, als auch wegen der Gewohnheit, kleine Brötchen zu backen, ähnlich kleinen Kügelchen, welche man *Marcesii* nennt und welche die Bäcker jedes Jahr um den Tag des Heiligen Markus verkaufen, von denen ein einzelner drei unserer Münzen [Pfennige] gekostet haben soll.

Dieses schreckliche Spektakel zu betrachten und sich daran zu erinnern ist notwendig, damit wir verstehen, dass die Fruchtbarkeit einer Erde göttlichen Ursprungs ist und dass Gott oft

beneficiorum gravissimis exemplis punire. Agnoscamus igitur beneficia Dei: et sedulo precemur, ut in posterum nobis victum et amictum impertiat, et tam diram famem clementer a nobis avertat.

Vineae porro circa urbem plurimae sunt, quae vinum sane satis magna cum ubertate ferunt. Nec penuria est caeterorum fructuum, quae in arboribus nascuntur: item leguminum, olerum, et similium.

Cumque pastionem pinguem pariat fertilitas agrorum, et aquae copia, suppetit huic urbi mediocris proventus pecudum: nec deficiunt pisces et volucres.

Ut vero aliarum regionum peculiaria quaedam dona divina esse solent, quibus caeteras anteeant: ita huic quoque urbi suum munus haud contemnendum a Deo est tributum. Sicut igitur Medi malis punicis, Arabes thure, Indi auro, Palaestina olim balsamo, alii alio in genere excelluerunt: ita Erffordensis terra isatide praestat, cuius ad tingendas lanas quantus usus sit, vulgo notissimum est.

Quare si hoc solo bono ornata esset Erffordia, magnam gratiam Deo deberet. Verum accedit aliarum quoque rerum, ad victum quotidianum necessariarum, non contemnenda copia. unde sane fit, ut cum aliae urbes et regiones vix singulae singulas procreent fruges: haec omnes fere profundat simul, triticum, olyram, hordeum, avenam, isatidem, legumina, olera, poma, pyra, et si qua sunt alia eiusdem generis.

die Missachtung seiner Gaben mit den schwersten Beispielen bestraft. Lasst uns also die Gaben Gottes erkennen und eifrig beten, dass er uns in Zukunft Nahrung und Kleidung gewährt und eine solche schreckliche Hungersnot gnädig von uns abwendet.

Um die Stadt herum gibt es außerdem viele Weinberge, die Wein in reichlichem Maße hervorbringen. Es gibt auch keinen Mangel an anderen Früchten, die auf Bäumen wachsen, ebenso an Hülsenfrüchten, Gemüse und Ähnlichem.

Da die Fruchtbarkeit der Felder und der Reichtum an Wasser eine fette Weide erzeugen, gibt es für diese Stadt sogar einen maßvollen Viehbestand; es fehlt auch nicht an Fischen und Geflügel.

Wie andere Regionen besondere göttliche Gaben haben, mit denen sie andere übertreffen, so ist auch dieser Stadt ein nicht zu verachtendes Geschenk von Gott gegeben worden. So wie die Meder für Granatäpfel, die Araber für Weihrauch, die Inder für Gold, Palästina einst für Balsam und andere für andere Dinge in ihrem Bereich berühmt waren, so ist das Erfurter Land für seine *Isatis* [Waid] bekannt, deren Nutzen zur Färbung von Wolle allgemein bekannt ist.

Schon deshalb müsste Erfurt, wenn es nur mit diesem einen Gut ausgestattet wäre, große Dankbarkeit gegenüber Gott empfinden. Es kommt jedoch auch eine nicht zu verachtende Menge an anderen Dingen hinzu, die für den täglichen Lebensunterhalt notwendig sind. Daher ist es so, dass, während andere Städte und Regionen kaum jeweils eine Ernte hervorbringen, diese Stadt fast alle gleichzeitig hervorbringt: Weizen, Dinkel, Gerste, Hafer, *Isatis* [Waid], Hülsenfrüchte, Gemüse, Äpfel, Birnen und Anderes von dieser Art.

His omnibus accedit etiam cerevisia potus non insuavis, sed salubris et delectabilis. Etsi autem quidam hoc genus potus reprehendunt, et nostratem cerevisiam (propter crassitiem fortasse, quae in illa aliquanto maior est quam in plerisque aliis) contemnunt: tamen fatendum est eam non aspernandam esse, sed alimentum exhibere bibentium corporibus utile, et grato insuper sapore palatum delectare.

Haec commoda patriae decet nos studiose et crebro in animo cogitare, exuscitareque simul mentes nostras, ut haec ingentia Dei beneficia, quibus hanc urbem prae caeteris cumulavit, agnoscamus: iisque cum reverentia, pietate, et gratiarum actione summa utamur. Errat enim vehementer, si quis putat casu haec tanta dona alicui terrae evenire: sed statuendum est, divina providentia et bonitate terram quotannis foecundari, ut tot et tam varias fruges ad vitae sustentationem necessarias gignat atque profundat. Et haud scio an maius ullum providentiae divinae opus in terris reperiatur, quam haec annuae terrae foecunditas, et frugum proventus.

Par est igitur, et convenit, hanc beneficentiam et liberalitatem Dei erga nos grato animo complecti, et crebris sermonibus celebrare atque praedicare: orareque simul ardenti pectore, ut hic benignissimus pater porro etiam hanc regionem foecundet, et urbem totam custodiat, foveat atque conservet.

Ad quam cogitationem non parum proderit, aliarum regionum et urbium tenuitatem et penuriam considerare, quibus vix minima pars horum commodorum suppetit. Sed pergo ad reliqua.

Hinzu kommt zu alldem auch das Bier, ein nicht unangenehmes, sondern gesundes und schmackhaftes Getränk. Obwohl einige dieses Getränk kritisieren und unser Bier (vielleicht wegen seiner Dicke, die in diesem etwas größer ist als in den meisten anderen) verachten, muss man doch zugeben, dass es nicht zu verschmähen ist, sondern dem Körper der Trinkenden nützliche Nahrung bietet und darüber hinaus den Gaumen mit einem angenehmen Geschmack erfreut.

Es ist angemessen, dass wir die Annehmlichkeiten der Vaterstadt eifrig und oft im Geist erwägen und gleichzeitig unsere Gedanken anregen, damit wir die gewaltigen Gaben Gottes erkennen, mit denen er diese Stadt vor anderen gesegnet hat, und dass wir sie mit höchster Ehrfurcht, Frömmigkeit und Dankbarkeit nutzen. Es irrt sehr, wer glaubt, dass solche großen Gaben zufällig einem Land zuteilwerden. Vielmehr ist es durch göttliche Vorsehung und Güte so, dass die Erde jedes Jahr fruchtbar ist und so viele und so vielfältige Ernten hervorbringt, die für den Lebensunterhalt notwendig sind. Und ich weiß nicht, ob es ein größeres Werk der göttlichen Vorsehung auf Erden gibt als diese jährliche Fruchtbarkeit der Erde und die Ernte der Früchte.

Es ist daher richtig und angemessen, diese Wohltätigkeit und Freigebigkeit Gottes gegenüber uns mit dankbarem Herzen anzunehmen und häufig in Predigten zu preisen und zu verkünden und gleichzeitig mit glühendem Herzen zu beten, dass dieser gütigste Vater auch weiterhin diese Region fruchtbar macht und die gesamte Stadt schützt, fördert und bewahrt.

Zu diesem Gedanken würde es nicht wenig nützlich sein, die Armut und Knappheit anderer Regionen und Städte zu betrachten, denen kaum ein kleiner Teil dieser Annehmlichkeiten zur Verfügung steht. Aber ich gehe zu den übrigen [Themen] über.

7. Aeris qualitas

Aerem habet haec civitas commodum et salubrem, non nimis crassum non impurum, non turbidum, neque nebulosum. Nam, ut ante dictum est, si quae in ea colliguntur sordes, quibus aer infici posset, eae a profluente aqua absterguntur, et consumuntur.

Huius rei gratia valde commoda est ad habitandum civitas, et multi vitantur morbi. Quis enim nescit, quantum et ad valetudinem tuendam et ad ingenia moresque alendos atque formandos emolumenti conferat aeris ambientis salubritas? et contra, quam graves morbos pariat, quantumque aciem ingenii obtundat, eiusdem impuritas? Quocirca hoc quoque non postremum Dei beneficium esse existimemus, quod coelum hoc quo nos utimur, non nimis crassum sit, et concretum: sed satis clemens, temperatum, et valetudini quam minime perniciosum.

Hactenus ea fere bona quae a natura Erffordiae commodata sunt, exposui. Nam opportunitas et fertilitas loci, naturae quaedam commoda sunt, et ab ipsa reguntur. Nunc vero cum mores etiam incolarum, qui naturae bonis fruuntur, scire liberale sit (iuxta Homericum illum Ulyssem, qui non solum urbes multas, sed plurimorum etiam mores exploraverat) dicendum porro est de statu vitae et morum Erffordiae.

7. Qualität der Luft

Diese Stadt hat eine angenehme und gesunde Luft, die weder zu dicht noch verunreinigt, trüb oder neblig ist. Wie bereits gesagt wurde [S. 28/29], werden ja alle Verunreinigungen, die die Luft beeinträchtigen könnten, durch das fließende Wasser abgewaschen und beseitigt.

Aus diesem Grund ist die Stadt sehr gut zum Wohnen geeignet, und viele Krankheiten werden vermieden. Wer wüsste nicht, wie sehr die Gesundheit der Luft dazu beiträgt, die Gesundheit zu bewahren und die Gemüter sowie die Sitten zu nähren und zu formen? Und umgekehrt, wie viele schwere Krankheiten sie hervorruft und wie sehr sie den Scharfsinn abstumpft, wenn sie verunreinigt ist? Deshalb sollten wir auch dieses nicht als das geringste der Wohltaten Gottes betrachten, dass der Himmel [das Klima], den wir genießen, nicht zu dicht und schwer ist, sondern mild, gemäßigt und der Gesundheit keineswegs schädlich.

Bis hierher habe ich die meisten Vorteile dargestellt, die Erfurt von der Natur erhalten hat. Die Lage und Fruchtbarkeit des Ortes sind nämlich natürliche Vorteile und werden von der Natur selbst gesteuert. Nun aber, da es auch angebracht ist, die Sitten der Einwohner zu kennen, welche diese natürlichen Güter genießen (nach dem Vorbild des homerischen Odysseus, der nicht nur viele Städte, sondern auch die Sitten vieler Menschen erkundete [Homer, *Odyssee* 1,3]), ist es an der Zeit, über die Lebensart und die Sitten in Erfurt zu sprechen.

8. Mores civium

Est itaque haec civitas bene morata et culta: et viget in ea urbanitas, comitas, et humanitas: servatur mutua officiorum commutatio: sunt familiares congressus, colloquia, convivia: colitur affabilitas, et studium concordiae: quae laus utinam vere nunc in hoc pestilentissimo seculo, adeo exacerbatis et exulceratis plerorumque animis, vere non solum de Errfordia, verum etiam de aliis predicari posset. Sed tamen est in plerisque, praesertim quod ad externam conversationem attinet, quaedam haud culpanda civilitas, ingenuitas, integritas et modestia.

Accepit enim Turingia, perinde ut caeterae Germaniae regiones, ex Musarum, quae hactenus Dei beneficio feliciter nobiscum conversatae sunt, convictu et familiaritate, magnam cum morum, tum ingeniorum culturam et expolitionem: adeo ut nunc humanitate, facilitate et mansuetudine cum quavis alia gente optime morata certet.

Hoc enim commodi praeter caetera ex literarum bonarum studio et tractatione consequimur, ut extirpata feritate, animi ad veram modestiam et humanitatem traducantur et assuefiant. Id quod certe insigniter plerisque Germaniae regionibus, superioribus annis contigit. Quae enim nunc regio est, quae civitas, qui pagus, qui non aliquid humanitatis ex familiari Musarum consortio contraxerit? Ipsae ferae medius fidius, ne dicam homines, oppida, agri, aer, coelum denique ipsum clementius multo factum esse videtur, quam antea, cum barbaries, inscitia et saevitia tanquam sentes et tribuli omnia loca longe lateque implevere.

8. Sitten der Bürger

Diese Bürgerschaft ist gut gesittet und kultiviert und in ihr blühen Urbanität, Höflichkeit und Menschlichkeit. Es wird gegenseitiger Austausch gepflegt, ebenso gibt es gesellige Zusammenkünfte, Gespräche und Gastmähler; Freundlichkeit wird hochgehalten, ebenso das Streben nach Eintracht. Möge dieser Ruhm doch in dieser so verpesteten Zeit, in der die Seelen der meisten Menschen so verbittert und verhärtet sind, nicht nur von Erfurt, sondern auch von anderen Städten wahrheitsgemäß verkündet werden können. Dennoch gibt es in vielen, insbesondere in Bezug auf den äußeren Umgang, einen nicht zu tadelndem Anstand, Offenheit, Redlichkeit und Bescheidenheit.

Thüringen hat, wie auch die anderen Regionen Deutschlands, durch den Umgang und die Bekanntschaft mit den Musen, die bisher durch Gottes Gnade glücklich unter uns weilen, eine große Kultiviertheit und Verfeinerung sowohl der Sitten als auch der Gemüter erfahren. So kann es jetzt in Menschlichkeit, Zugänglichkeit und Milde mit jedem anderen gut gesitteten Volk konkurrieren.

Dies ist also der Nutzen, den wir neben anderem aus dem Studium und der Beschäftigung mit der guten Literatur ziehen: dass, nachdem die Wildheit ausgerottet ist, die Gemüter zur wahren Bescheidenheit und Menschlichkeit geführt und an sie gewöhnt werden. Das ist sicherlich in den letzten Jahren vielen Regionen Deutschlands in besonderer Weise widerfahren. Welche Region, welche Stadt, welches Dorf gibt es denn jetzt, die nicht etwas von der Menschlichkeit aus dem vertrauten Umgang mit den Musen übernommen haben? Selbst die wilden Tiere – bei Gott! –, von den Menschen ganz zu schweigen, die Dörfer, die Felder, ja sogar die Luft und der Himmel selbst scheinen viel milder geworden zu sein als zuvor, als Barbarei, Unwissenheit und Grausamkeit wie Dornen und Disteln überall weit und breit füllten.

Aristippum ferunt, cum navi fracta omnia sua bona amisisset, vixque ex mari cum paucis sociis ad littus Rhodium salvus venisset, eo nomine laetatum esse, sibique et sociis gratulatum, quod in eo loco tabulam quandam Geometricis figuris consignatam reperisset. Id enim certum indicium esse iudicavit, incolas illos, cum literis essent exculti, etiam humanitate erga hospites naufragos esse usuros.

Verissimum enim est quod Ovidius dixit:

> Adde, quod ingenuas didicisse fideliter artes,
> Emollit mores, nec sinit esse feros.

Nec aliud certe Theocritus voluisse videtur, cum ita de Musis inquit:

> – οὓς γὰρ ὀρεῦντι
> γαθεῦσαι τὼς δ' οὔτι ποτῷ δαλήσατο Κίρκα.

Et in Idyllio 16 [108-109], cum ita incensus Musarum amore exclamat:

> – τί γὰρ Χαρίτων ἀγαπητόν
> ἀνθρώποις ἀπάνευθεν; ἀεὶ Χαρίτεσσιν ἅμ' εἴην.

quam ut hanc divinam literarum vim exprimeret, quam in excolendis hominum mentibus ac naturis sibi insitam habent, ut videlicet eas emolliant, et nativa moderatione referciat.

Sed longius effluit oratio, quam volo. Quare me ad id quod institui, refero. Magnum (inquam) decus, magna utique gratia, amoenitas et venustas toti Turingiae ex studiorum liberalium cultu et tractatione accessit. Quocirca si veram

Man sagt [Cicero, *Tusculanae* 5,36], Aristippos, der bei einem Schiffbruch alle seine Güter verloren und kaum mit wenigen Gefährten das rhodische Ufer lebend erreicht hatte, habe sich gefreut und seinen Gefährten gratuliert, als er an diesem Ort eine mit geometrischen Figuren beschriebene Tafel fand. Er hielt dies nämlich für ein sicheres Zeichen dafür, dass diese Einwohner, da sie in der Literatur gebildet waren, auch Menschlichkeit gegenüber den gestrandeten Fremden walten lassen würden.

Sehr wahr sagte Ovid [*Tristia ex Ponto* 2,9,47–48]:

> Dazu kommt, dass das gründliche Erlernen der wahren Künste
> die Sitten mildert und sie nicht wild bleiben lässt.

Nichts anderes scheint auch Theokrit [*Idyll* 9,35–36] gemeint zu haben, als er von den Musen sagte:

> – denen, die sie mit Wohlwollen betrachten,
> schadet Kirke nie mit ihren Tränken.

Und in *Idyll* 16 [108–109], wo er so, von Musenliebe entflammt, [über die Chariten / Grazien] ausruft:

> – Was bleibt denn Liebenswertes außer den Chariten?
> Immer möchte ich bei den Chariten sein.

wie wenn er diese göttliche Kraft der Literatur zum Ausdruck bringt, die sie besitzt, um den Geist und die Natur der Menschen zu kultivieren, nämlich damit sie jene abmildert und mit ihrer angeborenen Mäßigung anfüllt.

Aber meine Rede ist weiter ausgeflossen, als ich will. Daher kehre ich zu meinem Thema zurück. Eine große Zierde, ja ein großes Geschenk, Anmut und Schönheit sind durch die Pflege der Freien Studien [Wissenschaften] und deren Behandlung ganz Thüringen zuteilgeworden. Daher muss es, wenn es

comitatem, nitorem et civilitatem retinere cupit, ut literas bonas, earumque cultores reverenter amplectatur, foveat ac tueatur necesse est: ne avolantes Musae, omnem importatam suam humanitatem secum auferant, et foedae barbariei iterum locum praebeant.

9. Forma seu status Reip(ublicae)

Status politiae Erffordensis commodus est, et regitur a civibus qui aetate, sapientia, consilio et industria caeteros anteire putantur. Haec Reipub(blicae) forma laudatissima est, et valde utilis civibus. Deliguntur enim cum consensu et suffragio civium personae idoneae ad obeunda munera Reipub(ublicae) annuatim: et invitantur cives hac honorum distributione ad industriam, integritatem et gravitatem vitae. Nihil enim tam allicit et stimulat animum ad virtutem, quam praemiorum spes proposita. Ita etiam maxime fit, ut quilibet studeat sua virtutem in communem suae patriae utilitatem conferre. quam rem praecipuam felicitatem civitatibus adferre, Menecaeus apud Euripid(em) asseverat:

> εἰ γὰρ λαβὼν ἕκαστος ὅ τι δύναιτό τις
> χρηστὸν διέλθοι τοῦτο κἀς κοινὸν φέροι
> πατρίδι, κακῶν ἂν αἱ πόλεις ἐλασσόνων
> πειρώμεναι τὸ λοιπὸν εὐτυχοῖεν ἄν.

Id est:

> Si sumat unusquisque quod potest bonum,
> Id conferat in patriae commoda suae,
> Et sedulo iuvet salutem publicam,
> Ingens sequetur civibus felicitas.

wahre Höflichkeit, Glanz und Anstand bewahren will, die gute Literatur und ihre Förderer respektvoll umarmen, fördern und schützen, damit die Musen, wenn sie fortgehen, nicht auch all ihren mitgebrachten Menschlichkeit mit sich nehmen und der hässlichen Barbarei erneut Platz machen.

9. Form oder Zustand des Staats

Der politische Zustand Erfurts ist vorteilhaft: Es wird von Bürgern regiert, von denen man glaubt, dass sie an Alter, Weisheit, Rat und Eifer für das Gemeinwohl allen anderen voraus sind. Diese Regierungsform ist äußerst lobenswert und sehr nützlich für die Bürger. Alljährlich werden nämlich mit Zustimmung und durch die Wahl der Bürger geeignete Personen für die öffentlichen Ämter ausgewählt, und die Bürger werden durch diese Verteilung der Ehrenstellungen zur Anstrengung, Redlichkeit und Ernsthaftigkeit im Leben angeregt. Nichts lockt und spornt die Seele mehr zur Tugend an als die Aussicht auf Belohnungen. Auf diese Weise bemüht sich jeder, seine Tugend zum Wohl der gemeinsamen Vaterstadt beizutragen. Dies bringt, wie Menoikeus bei Euripides [*Phoinikerinnen* 1015–1018] bekräftigt, den Städten das größte Glück:

> εἰ γὰρ λαβὼν ἕκαστος ὅ τι δύναιτό τις
> χρηστὸν διέλθοι τοῦτο κἀς κοινὸν φέροι
> πατρίδι, κακῶν ἂν αἱ πόλεις ἐλασσόνων
> πειρώμεναι τὸ λοιπὸν εὐτυχοῖεν ἄν.

Das heißt:

> Wenn ein Jeder das Gute, das er kann,
> zum Wohl seiner Vaterstadt beiträgt
> und fleißig dem Gemeinwohl hilft,
> wird den Bürgern riesiges Glück zuteil.

Quapropter amandus est hic status: et summa cura, si cui civitati contingit, servandus. Nota enim est vox Achillis, qui negat se in illa Repub(lica) vivere posse, in qua boni et mali, prudentes et imprudentes pari honore afficiuntur.

10. Ecclesia et Scholae

Venio nunc ad locum de Ecclesia, et, quae cum illa coniunctae sunt, Scholis. Etsi autem haec ornamenta de quibus hactenus disserui, ampla sunt, et magnifacienda: tamen multo divinius est, Ecclesias et Scholas in civitate recte esse constitutas. Quid enim sunt opes universae, et dives omnium rerum abundantia in civitate, sine verbo Dei salvifico, quam inania θέλγητρα, quibus miserum genus humanum delusum saginatur sicut porcus, et ad extremum fit ferculum diabolorum praesentissimum?

Sic itaque statuo, nullum esse excellentius et praestabilius decus in civitate, quam Ecclesiam: ea ubi est, vere felicem, beatam e opulentam reddet civitatem. Non enim potest non uberrima Dei benedictio esse in ea urbe, quae coelestis fontis rivulis irrigatur atque foecundatur.

Regius propheta David commendaturus Hierosolymam, ita eius laudem extulit Psalmo 112:

> Hierusalem aedificatur ut sit civitas, in qua conveniatur, ut illic ascendant tribus Domini ad testimonium Israel. et ad confitendum nomini Domini.

Daher ist diese Regierungsform liebenswert und mit größter Sorgfalt zu bewahren, wenn sie einer Stadt zuteilwird. Bekannt ist der Ausspruch von Achilleus [Homer, *Ilias* 9,319–320], der sagte, er könne nicht in einem Staat leben, in dem Gute und Schlechte, Kluge und Unkluge mit gleicher Ehre behandelt werden.

10. Kirche und Schulen

Nun komme ich zum Punkt über die Kirche und die damit verbundenen Schulen. Obwohl diese bisher beschriebenen Zierden der Stadt groß und bewundernswert sind, ist es doch viel göttlicher, dass Kirchen und Schulen in einer Stadt richtig eingerichtet sind. Was sind denn alle Reichtümer und der Überfluss an allen Dingen in einer Stadt ohne das heilbringende Wort Gottes, als trügerische Lockmittel, mit denen das elende Menschengeschlecht wie ein Schwein verführt und schließlich zum allerschnellsten Gericht der Teufel gemacht wird?

Daher stelle ich fest, dass es keinen höheren und wertvolleren Schmuck in einer Stadt gibt als die Kirche. Wo sie ist, wird sie die Stadt wahrhaft glücklich, gesegnet und reich machen. Es kann nicht anders sein, als dass Gottes reichster Segen in derjenigen Stadt ist, die von den Strömen dieser himmlischen Quelle bewässert und fruchtbar gemacht wird.

Als der königliche Prophet David Jerusalem rühmen wollte, lobte es im *Psalm* 122 [3–4; im Original irrig Psalm 112] so:

> Jerusalem ist gebaut, dass es eine Stadt sei, in der man sich versammelt, auf dass dorthin die Stämme des Herrn hinaufziehen zum Zeugnis für Israel und zum Lobpreis des Namens des Herrn.

Quare haec Erffordiae laus est omnium maxima, quod Ecclesiam veram, sonantem de Deo et filio eius Iesu Christo, recte constitutam habeat. Estque hoc beneficium Dei inaestimandum erga hanc urbem, quod in tanta confusione et perturbatione rerum, incorruptam adhuc Evangelii doctrinam in ea retinet: ita ut a Prophetis primum, postea a Christo ipso, et tandem ab apostolis eorumque successoribus et sanctis patribus tradita, et nobis relicta est et tandem in hac postrema et delira mundi senecta denuo instaurata, et ab omnibus corruptelis et erroribus (quibus diu oppressa iacuit) repurgata, et in pristinam dignitatem vindicata est.

Sonat enim Ecclesia nostra pure et sincere omnes partes doctrinae Christianae, et κατήχησιν diligenter et fideliter iunioribus inculcat: usumque Sacramentorum verum et integrum, sicut a testatore et authore ipso Christo instituta sunt, sine omni Sophistica retinet.

Hoc ornamentum summum huius civitatis esse iudico, quod sit in ea hospitium Christi, et coetus amplectens ac sonans verbum Dei, vere invocans ac celebrans Deum in nomine Iesu Christi. Et cum (ut venustissime dixit Basilius) nihil iucundius sit quam Ecclesiae civem esse: haud sane video, in qua Rep(ublica) potius hoc usu veniat, quam in ea quae Ecclesie Vereor dicere de hospitium benigne praebet.

Scholis, ne forte alicuius morose iudicantis animum offendam: sed tamen dicam quod res est. Scholae templis in patrochiis singulis adiunctae, mediocriter constitutae sunt. erudiuntur in iis pueri fideliter in Grammaticae rudimentis: et quod praecipua laude dignum est, assuescunt pueri puellaeque ad Catechismi recitationem in Scholis, templis,

Daher ist dies das größte Lob für Erfurt, dass es eine wahre, recht bestellte Kirche hat, die über Gott und seinen Sohn Jesus Christus verkündet. Dies ist eine unermessliche Wohltat Gottes gegenüber dieser Stadt, dass sie inmitten so großer Verwirrung und Unordnung der Dinge die unverfälschte Lehre des Evangeliums weiterhin bewahrt hat, so wie sie ursprünglich von den Propheten, dann von Christus selbst und schließlich von den Aposteln, ihren Nachfolgern und den Heiligen Vätern überliefert und uns hinterlassen wurde, und schließlich in diesem letzten und von Wahnsinn befallenen Weltalter wieder erneuert, von allen Irrtümern und Verfälschungen (unter denen sie lange erdrückt lag) gereinigt und in ihre ursprüngliche Würde zurückgebracht wurde.

Es verkündet nämlich unsere Kirche alle Teile der christlichen Lehre rein und aufrichtig, und sie bringt den Jüngeren eifrig und treu die κατήχησις (Katechese) bei; sie bewahrt auch den wahren und vollständigen Gebrauch der Sakramente, wie sie vom Zeugen und Autor Christus selbst eingesetzt wurden, ohne jegliche Sophistik.

Dies ist der schönste Schmuck dieser Stadt, dass in ihr eine Herberge Christi ist und dass sie eine Gemeinde umfasst, das Wort Gottes aufrichtig verkündet, Gott wahrhaft anruft und ihn verehrt im Namen Jesu Christi. Und wie Basilius [vgl. *Briefe* 203,1] sehr schön gesagt hat, gibt es nichts Angenehmeres, als Bürger einer Kirche zu sein. Ich sehe in der Tat keinen Staat, in dem dies eher der Fall ist als in demjenigen, welcher der Kirche freundlich eine Herberge bietet.

Schulen möchte ich nur kurz erwähnen, um das Gemüt eines möglicherweise mürrischen Kritikers nicht zu verärgern, aber ich will dennoch die Wahrheit sagen. Es sind die Schulen, die den Kirchen in den einzelnen Gemeinden angeschlossen sind, in einem maßvollen Zustand. Die Kinder werden dort gewissenhaft in den Grundlagen der Grammatik unterrichtet, und was besonders lobenswert ist, die Jungen und Mädchen wer-

et aedibus privatis. Haec res quam pia, quamque Deo grata et utilis pueritiae sit, facile est iudicatu. Faxit Deus, ut porro talia exercitia pietatis inter eos conserventur, et ad omnem posteritatem usque propagentur.

Academiam habet antiquissimam in Germania, exceptis paucis: Moguntiana scilicet, et Trevirensi, atque etiam Heidelbergensi.

Initium autem Erffordiensis Academiae dedit annus Christi 1392. Caeterae Academiae Germaniae recentiores sunt. Fuit autem haec Erffordiensis Academia quondam celebris et honorata propter frequens bonarum literarum studium, et doctorum virorum abundantiam. prodiit enim ex ea, tanquam ex equo Troiano, innumerabilis eruditorum copia, qui passim in Germania dispersi, Rebuspublicis et Ecclesiis utilissime inservierunt. Peperit ea Iurisconsultos, Theologos, et Medicos plurimos: adeo ut nusquam felicius quam Erffordiae literas disci, plerique putarent.

Sed nunc languidiora sunt in ea artium studia, minor etiam de eadem existimatio. Restant tamen qualescunque reliquiae, nec omnino hic sacer Musarum ignis extinctus est. Habuit etiam nuper doctos viros, qui Graece et Latine literas feliciter docuerunt, et Theologica professi sunt inter quos praecipui sunt, reverendus pater Dominus Martinus Lutherus, membrum quondam huius universitatis dignissimum: clarissimus Doctor Ioannes Langius, Doctor Iustus Ionas, Doct(or) Georgius Sturtius, medicus celeberrimus: Eobanus Hessus, poetarum et Germaniae totius decus maximum: Victorinus Strigelius, Theologiae et humanioris literatura professor felicissimus: Martinus Seidemannus, praeceptor meus perpetua observantia, pietate atque gratitudine mihi colendus: et alii multi.

den in den Schulen, Kirchen und auch in Privathäusern an die Rezitation des *Katechismus* gewöhnt. Es ist leicht zu beurteilen, wie fromm, wie Gott wohlgefällig und nützlich dies für die Kinder ist. Möge Gott bewirken, dass solche Übungen der Frömmigkeit weiterhin unter ihnen bewahrt und an alle zukünftigen Generationen weitergegeben werden.

[Erfurt hat] auch die älteste Universität in Deutschland, abgesehen von wenigen anderen, nämlich der Mainzer, der Trierer und auch der Heidelberger.

Den Beginn der Erfurter Universität gibt das Jahr Christi 1392. Die übrigen deutschen Universitäten sind neuer. Diese Erfurter Universität war einst berühmt und angesehen wegen des häufigen Studiums der guten Literatur und der Fülle gelehrter Männer. Aus ihr gingen nämlich, wie aus dem Trojanischen Pferd, unzählige Gelehrte hervor, die in ganz Deutschland verstreut wurden und dem Staat und den Kirchen sehr nützlich dienten. Sie brachte viele Juristen, Theologen und Ärzte hervor, so dass viele glauben, dass man nirgends glücklicher studieren [»die Literatur lernen«] könne als in Erfurt.

Aber jetzt sind die Studien der Wissenschaften darin schwächer und auch die Wertschätzung dafür geringer. Es bleiben jedoch einige Überreste, und das heilige Feuer der Musen ist hier nicht völlig erloschen. Sie hatte auch kürzlich gelehrte Männer, die erfolgreich auf Griechisch und Latein die Literatur lehrten und Theologie-Professoren waren, unter denen die herausragendsten sind: der ehrwürdige Vater Herr Martin Luther, einst ein sehr angesehenes Mitglied dieser Universität, der berühmte Doktor Johannes Lang, Doktor Justus Jonas, Doktor Georg Sturtz, ein sehr berühmter Arzt, Eoban Hessus, der größte Dichter und die größte Zierde ganz Deutschlands, Victorin Strigel, ein sehr erfolgreicher Professor der Theologie und der humanistischen Literatur, Martin Seidemann, mein Lehrer, den ich mit steter Ehrerbietung, Frömmigkeit und Dankbarkeit verehre, und viele andere.

Nec adhuc prorsus doctis viris vacat, sed retinet aliquos qui Graece et Latine cum iuventutis fructu et accessione ad liberalia studia docent, et artes methodice et perspicue tradunt. Si quis autem quaerat a nobis, cur hanc laudabilem Academiam diminui, et pristinam dignitatem amittere passi simus: huic ita responderi fortasse non incommode posset Non adeo hebetes sumus, ut accepta a maioribus bona, omni cura et vigilantia non solum custodienda, sed etiam ampliora reddenda esse ignoremus: sed tamen non semper in humanis viribus situm est, ut bene res succedant, vel retineantur.

Sic etiam de Academia nostra apposite dici iudico: non quidem voluntatem bonorum civium ad instauranda et reservanda literarum studia defuisse, sed alia incommoda institutum eorum impedivisse. Et revera in humanis rebus ita comparatum est, ut nihil perpetuo floreat, sed fatalis sit quaedam vicissitudo et mutatio, ita ut alterum alteri cedat. Ita etiam, cum in Germania, divina fortunante gratia, exorirentur utilissimae aliquae Academiae, cessit illis Erffordiana, seseque vinci et exui passa est. Est enim, ut Physicorum verbis utar, generatio unius, corruptio alterius.

Et venit mihi saepe in mentem, colloquium Pompeii cum Cratippo: in quo cum Cratippum rogaret, cur, cum meliorem tueretur causam, a Iulio tamen vinceretur? Respondit is, Esse fatales imperiorum periodos, et iam converti Romanam rempub(licam) ad monarchia.

Die Universität ist auch jetzt nicht völlig ohne gelehrte Männer, sondern behält einige, die mit Erfolg und Gewinn für die Jugend auf Griechisch und Latein die Freien Studien [Wissenschaften] unterrichten und die Wissenschaften methodisch und klar darlegen. Wenn aber jemand von uns fragt, warum wir es zugelassen haben, dass diese lobenswerte Universität schrumpft und ihren früheren Glanz verliert, könnte man ihm vielleicht antworten, dass wir nicht so töricht sind, nicht zu wissen, dass das Gute, das wir von unseren Vorfahren erhalten haben, mit aller Sorgfalt und Wachsamkeit nicht nur bewahrt, sondern auch vermehrt werden muss, aber dennoch liegt es nicht immer in menschlicher Macht, dass Dinge gut gelingen oder erhalten bleiben.

Ebenso halte ich es für passend, dies auch über unsere Universität zu sagen, dass es nicht am guten Willen der Bürger gefehlt hat, das Studium der Literatur wiederherzustellen und zu bewahren, sondern dass andere Widrigkeiten ihr Vorhaben behindert haben. Und tatsächlich ist es in menschlichen Angelegenheiten so eingerichtet, dass nichts ewig blüht. Vielmehr gibt es eine bestimmte Schicksalswende und Veränderung, so dass das eine dem anderen weicht. So wich, als in Deutschland durch die göttliche Gnade einige nützliche Universitäten entstanden, die Erfurter Universität ihnen und ließ sich besiegen und entkleiden. Es ist, um es in den Worten der Naturkundler zu sagen, die Entstehung des einen der Untergang des anderen [Aristoteles, *De generatione et corruptione* 1,3 p. 318a29; oft bei Thomas von Aquin zitiert].

Und oft kommt mir das Gespräch zwischen Pompeius und Kratippos in den Sinn. Pompeius fragte darin Kratippos, warum er, obwohl er die bessere Sache vertrat, dennoch von Julius [Caesar] besiegt worden sei. Kratippos antwortete, es gäbe Schicksalswenden von Reichen, und die römische Republik werde jetzt zu einer Monarchie [Plutarch, *Pompeius* 75,3–4].

Non dissimiliter fere, cum suam quasi periodum confecisset haec Academia, florere desiit et praebuit locum aliis. Veruntamen non perpetuo, ut spero, in tanta obscuritate iacebit: sed reflorescet aliquando, Deo iuvante, et pristinum decus recuperabit. Effulget iam nunc spes non exigua futurae emendationis et instaurationis mediocris: quam ut Deus clementer provehat, toto pectore oro.

Praedicant Thyrigetarum virtutem Strabo et alii rerum scriptores: et in primis placuit Henrico Imperatori, in urbe lete retineri atque florere Ecclesiae et humaniorum literarum studia, servarique discentium ac discentium agmina, ut doctrina vera de Deo et aliis rebus salutaribus recte tradi, et ad posteros transmitti possit.

Huic pristinae maiorum virtuti, et sapientissimi Imperatoris consilio parere Erffordiam iustissimum est, ut et antique sue laudis possessionem retineat, et opinionem optimi Caesaris de se conceptam non fallat. Quod sane facturam illam esse, omnino confido, ut videlicet doctrinam Ecclesiae et literarum studia incorrupta tueatur, et doctis viris benigne hospitium praebeat, eosque amet atque defendat.

Qua quidem in spe atque cogitatione non mediocriter me confirmat doctissimi viri Petri Mosellani coniectura, seu potius divinatio de Academia Erffordiensi. Sic enim auguratus est praestantissimus vates, fore ut conterritis ac dissipatis per principum intestina dissidia atque tumultus vicinis Academiis, Erffordia dispersas et exulantes Musas hospitio excipiat.

Nicht unähnlich, als die Erfurter Universität gleichsam ihre Zeit erfüllt hatte, hörte sie auf zu blühen und machte anderen Platz. Dennoch wird sie, so hoffe ich, nicht für immer in so großer Dunkelheit verharren, sondern eines Tages wieder erblühen, mit Gottes Hilfe, und ihren früheren Glanz wiedererlangen. Bereits jetzt leuchtet eine nicht unbedeutende Hoffnung auf künftige Verbesserung und maßvolle Wiederherstellung. Darum, dass Gott diese gnädig fördern möge, bete ich aus ganzem Brust.

Die Tapferkeit der Tyregetai wird von Strabon [*Geographie* 7,3,17 C 306] und anderen Autoren gepriesen; insbesondere gefiel es Kaiser [Herzog] Heinrich [dem Frommen], dass in der Stadt Kirchen und Studien der humanistischen Literatur gedeihen und blühen und dass die Scharen der Lernenden und Lehrenden bewahrt werden, damit die wahre Lehre über Gott und andere heilsame Dinge richtig überliefert und an die Nachwelt weitergegeben werden kann.

Dieser alten Tugend unserer Vorfahren und dem klugen Rat des Kaisers zu folgen, ist für Erfurt mehr als gerecht, damit es sowohl den Besitz seines alten Ruhms bewahrt als auch die von diesem großen Kaiser über sie geäußerte Meinung nicht enttäuscht. Dass sie dies tun wird, bin ich ganz sicher, indem sie nämlich die Lehre der Kirche und das Studium der Literatur unversehrt bewahrt und den gelehrten Männern freundlich Unterkunft bietet, sie liebt und verteidigt.

In dieser Hoffnung und Überzeugung werde ich nicht nur maßvoll durch die Vermutung – oder vielmehr die Weissagung – des gelehrten Mannes Petrus Mosellanus über die Erfurter Universität gestärkt. Dieser hervorragende Prophet hat nämlich vorausgesagt, dass Erfurt, wenn die benachbarten Universitäten durch innere Streitigkeiten und Unruhen der Fürsten erschüttert und zerstreut werden, die verstreuten und vertriebenen Musen aufnehmen wird.

11. Res gestae

Dicam nunc etiam de rebus gestis huius urbis, quod tamen faciam parcius: non quod laude digna non sint, sed ne modum institutae orationis excedam. Experta est sane haec urbs utrunque et belli incommoda, et pacis emolumenta. Gessit olim bella utilia, sicut monumenta multa adhuc ostendunt, passim in Turingia et locis vicinis. Sed grave est, et magno constat, bellum gerere: praestatque semper quocunque modo pacem quaerere, quam ad arma descendere. Quare nunc a bellis libenter abstinet, et pacem colit, nec facile cuiquam belli societatem paciscitur.

Est autem laude dignum hoc studium, vitandi occasiones sumptuum bellicorum, et omnibus rationibus pacem tuendi atque retinendi. Est enim, Cicerone teste, etiam iniquissima pax iustissimo bello praeferenda. Sed plura de hoc argumento dicere non decrevi.

Quare contenti simus his patriae nostrae laudibus, quod honestam originem, fertile solum, salubrem aerem, aliaque ad victum necessaria, civitatum insuper cultum, aedificiorum et morum elegantiam habeamus: et in primis, quod Reipub(licae) nostrae status commodus sit, et Ecclesiae verbum Dei pure et sincere sonent, in scholisque iuventus pie erudiatur, et vigeat apud nos studium pacis.

11. Taten

Ich werde nun auch etwas über die Taten dieser Stadt sagen, aber dies nur kurz, nicht weil sie des Lobes nicht würdig wären, sondern um den Rahmen der beabsichtigten Rede nicht zu sprengen. Diese Stadt hat in der Tat sowohl die Unannehmlichkeiten des Krieges als auch die Vorteile des Friedens erlebt. Sie führte einst nützliche Kriege, wie viele Denkmäler bezeugen, die noch überall in Thüringen und den benachbarten Orten zu finden sind. Aber es ist schwer und kostspielig, Krieg zu führen, und es ist immer besser, auf irgendeine Weise Frieden zu suchen, als zu den Waffen zu greifen. Deshalb meidet sie nun gerne Kriege und pflegt den Frieden, und sie schließt nicht leicht mit jemandem ein Bündnis zum Krieg.

Dieses Bestreben, die Kosten eines Krieges zu vermeiden und den Frieden mit allen Mitteln zu bewahren und zu sichern, ist lobenswert. Es ist ja, wie Cicero [vgl. *De officiis* 1,11.34–35] bezeugt, selbst der ungerechteste Frieden dem gerechtesten Krieg vorzuziehen. Doch habe ich nicht vor, mehr über dieses Thema zu sagen.

Daher sollen wir uns mit diesen Lobesworten über unsere Vaterstadt begnügen: dass wir eine ehrenhafte Herkunft, fruchtbaren Boden, gesunde Luft und andere notwendige Dinge zum Leben haben, ebenso die städtische Kultur, die Eleganz der Gebäude und der Sitten, vor allem aber, dass die Regierungsform unseres Staats zweckmäßig ist und dass das Wort Gottes in den Kirchen rein und aufrichtig verkündet wird, die Jugend in den Schulen fromm erzogen wird und das Streben nach Frieden bei uns lebt.

Quae autem ad pleniorem Erffordiae commendationem pertinent, nunc lubens omitto, et aliis pertractanda relinquo. Non enim mei est instituti, iusta oratione hoc argumentum persequi: quod tamen alio fortasse tempore facturus sum, si deus conatus meos provexerit, hominumque equanimitas mihi non defuerit. Decet enim unumquenque patriae suae gratias, quantas potest, referre. Et quaecunque opera in hac ornanda insumitur, pia est, et deducit nos ad agnitionem et celebrationem beneficiorum divinorum, sicut poeta inquit:

Et pius est patriae facta referre labor.

Te vero Iesu Christe, fili Dei vivi, crucifixe pro nobis, et resuscitate, invoco et oro, ut lucem verbi tui, cuius radios iterum in hac urbe clementer accendisti, benigneque hactenus conservasti, firmiter in cordibus nostris obsignes, ac serves inter nos pacem, disciplinam, et bonarum artium linguarumque utilium thesaurum praeclarissimum custodias et propages: ut etiam posteri nostri te vere agnoscant, colant, invocent atque celebrent.

Dixi.

Was jedoch zur vollständigeren Würdigung Erfurts gehört, übergehe ich jetzt gerne und überlasse es anderen, dies zu behandeln. Es ist nämlich nicht meine Absicht, dieses Thema in einer regelrechten Rede zu behandeln, aber vielleicht werde ich dies zu einer anderen Zeit tun, wenn Gott meinen Bestrebungen förderlich ist und mir die Gleichmut der Menschen nicht fehlt. Es gehört sich nämlich für jeden, seiner Vaterstadt so viel Dank abzustatten, wie er kann. Und jegliche Mühe, die in ihre Verschönerung investiert wird, ist fromm und führt uns zur Anerkennung und Feier der göttlichen Wohltaten, wie der Dichter sagt:

> Und fromm ist die Arbeit, die Taten der Heimat zu erzählen.
> [Ovid, *Tristia* 2,322]

Doch ich rufe dich an, Jesus Christus, Sohn des lebendigen Gottes, für uns gekreuzigt und auferstanden, und ich bitte dich, dass du das Licht deines Wortes, dessen Strahlen du in dieser Stadt wieder gnädig entzündet hast und das du bisher wohlwollend bewahrt hast, fest in unseren Herzen einsiegelst und dass du unter uns Frieden, Disziplin und den kostbarsten Schatz der schönen Wissenschaften und der nützlichen Sprachen bewahrst und förderst, damit auch unsere Nachkommen dich wahrhaft erkennen, verehren, anrufen und preisen.

Ich habe gesprochen.

Erfurdia (1606)

Erfurdia, Duringiae Metropolis ad Ieram flumen, a quo etiam nomen accepit, sita est. Olim Merbigsburg dicta a Merovigio Francorum rege, quem Duringi suum regem anno Christi 447. crearunt.

Postea vero Ierefurdia appellata, quasi Ierevadum. Ex quibus vocibus per syncopen Ierfurd, et, demta litera prima, Erfurd nominari caepit.

Quanquam Duringiae Chronicon antiquum memorat Ieram in eo loco ubi nunc est Erfurdia, late diffusum fuisse, nec transiri tuto potuisse. Iccirco molitorem quendam Erf nomine in suo molendino, quod ibi habuit in pago Schilderode, ubi prulium est, a confluxu et sonitu aquae delabentis sic dictum, suspendisse candelam nocturno tempore, interdia vero laternam tanquam signum sustulisse, ad quod transituri flumen iter dirigerent, ne eluvione in devia abriperentur. Indeque nominatam esse Erfurdiam, quasi Erfes furdum quod est vadum Ersi molitoris.

Secundum hoc igitur Chronicon initium huius urbis incidit in Arcadi et Honorii imperium circa annum Christi 400. Reliqua est appellatio pagi Meersvigsburgi Erfurdia vicini ad Ieram, ubi nunc est S. Dionysi) fanum. Franci enim eo tempore dominabantur late, nec parum de imperio Romano detrahebant.

Erfurt (1606)

Frühzeit

Erfurt, die Metropole Thüringens, liegt am Fluss Iera [Gera], von dem es auch seinen Namen erhielt. Früher wurde es Merbigsburg [Möbisburg] genannt nach Merovingius [Merovech], dem König der Franken, den die Thüringer im Jahr Christi 447 zu ihrem König wählten.

Später wurde es jedoch Ierefurdia genannt, als wäre es Iere-Furt. Aus diesen Wörtern wurde durch Zusammenziehung Ierfurd; nachdem der erste Buchstabe weggelassen wurde, begann man es Erfurd zu nennen.

Allerdings berichtet die alte *Chronik* Thüringens, dass die Iera an dem Ort, wo heute Erfurt liegt, sehr breit war und nicht sicher überquert werden konnte. Deshalb hängte ein Müller namens Erf, der dort in dem Dorf Schilderode, wo der Brühl ist, eine Mühle besaß, wo es einen Zusammenfluss und das Rauschen des herabfließenden Wassers gab, nachts eine Kerze auf und hob tagsüber eine Laterne als Zeichen hoch, an der sich die Überquerenden des Flusses orientierten, damit sie nicht von der Flut in die Irre geführt würden. Daher soll der Name Erfurt entstanden sein, gleichsam als Erfes Furt, weil es der Übergang des Müllers Erf ist.

Nach dieser *Chronik* fällt also der Beginn dieser Stadt in die Zeit der Herrschaft von Arcadius und Honorius um das Jahr Christi 400. Überliefert ist der Name des Dorfes Meersvigsburg [Möbisburg], das Erfurd nahe bei der Iera liegt, wo jetzt die Kirche des St. Dionysius steht. Die Franken nämlich herrschten damals weit und entzogen dem Römischen Reich nicht wenig Macht.

Apparet, parva quaedam initia huius urbis fuisse, quae tamen a Francorum regibus identidem aucta sint, et a nobilibus familiis magis magisque amplificata. Hae enim non tantum bona sua in hanc urbem contulerunt, sed iura etiam suae gentis eodem aggregarunt. Id quod vestigia ab illis impressa aliquibus civitatis partibus ostendunt.

Complura sunt in hac urbe spectatu digna intra muros, et extra. Arx S. Cyriaci imprimis in colle extra urbem sita, in qua non parum praesidii positum esse adversus hostem putatur.

Monasterium S. Petri, duo templa primaria, pene contigua B(eatae) Mariae, et S. Severi. Templa, et coenobia frequentia pene in omnibus vicis, item, copia et amoenitas hortorum tam intra quam extra muros, qui Ierae aquis multis maxima ex parte rigantur.

Vinearum ubertas ante omnes urbis portas. Proventus tritici, siliginisque separatim, et mixtim, unde panis pinsitur valde suavis et salubris. Cnici seu cartami, et isatidis, quae Gallis est Glastum, quemadmodum Iulius Caesar scribit, Germanis *Weid* seu Quadum, qua in tingendis lanis infectores utuntur. De hac versus compositi sunt:

Herba Duringorum celeberrima crescit in agris,
    Hanc Isatin Graecus sermo vocare solet.
Ponderis haec magni est, et magno venditur aere,
    Hac etenim tingi lana parata solet.

Es scheint, dass die Anfänge dieser Stadt klein waren, sie jedoch von den Königen der Franken nach und nach erweitert und durch edle Familien immer mehr vergrößert wurde. Diese brachten nämlich nicht nur ihre Güter in diese Stadt ein, sondern fügten auch die Rechte ihres Geschlechts hinzu. Das zeigen die Spuren, die von ihnen in einigen Teilen der Stadt hinterlassen wurden.

Sehenswürdigkeiten und Bodenerträge

Es gibt mehrere Sehenswürdigkeiten innerhalb und außerhalb der Mauern dieser Stadt. Die Festung des St. Cyriacus, die gesondert auf einem Hügel außerhalb der Stadt liegt, wird als nicht geringer Schutz gegen Feinde angesehen.

[Es gibt] das Kloster des St. Petrus sowie zwei Hauptkirchen, fast aneinander angrenzend, der Seligen Maria und des St. Severus. [Es gibt] Kirchen und Klöster in fast allen Gassen in großer Zahl, ebenso die Menge und Schönheit der Gärten sowohl innerhalb als auch außerhalb der Mauern, die größtenteils von den vielen Gewässern der Iera bewässert werden.

[Es gibt eine] Reichhaltigkeit an Weinbergen vor allen Toren der Stadt. [Es gibt] den Ertrag an Weizen und Winterweizen, getrennt und gemischt, woraus sehr liebliches und gesundes Brot gebacken wird. [Es gibt] Saflor oder Färberdistel und *Isatis*, was bei den Galliern *Glastum* genannt wird, wie Julius Caesar [tatsächlich Plinius, *Naturkunde* 22,2.2] schreibt, und bei den Deutschen Waid oder Quadum, das von den Färbern zur Wollfärbung verwendet wird. Über diese Pflanze wurden Verse verfasst:

> Das berühmteste Kraut der Thüringer wächst auf den Feldern,
> dies nennt die griechische Sprache *Isatis*.
> Es ist von großem Wert und wird für viel Geld verkauft,
> denn mit diesem wird die vorbereitete Wolle gefärbt.

Monasterium S. Petri a Dagoberio Francorum rege Clotari filio conditum esse circa annum C. 707. multorum fert opinio. A quo ipso etiam pago urbi proximo nomen *Dabersted* / quasi *Dagoberti Stadt* inditum esse apparet. Extat diploma fundationis huius monasterii Dagoberti nomine conscriptum, et sigillo eiusdem consignatum, in quo quidem diplomate privilegia, immunitates, reditus, et villae multae, quae nominatim recensentur, huic coenobio attribuuntur.

Sed refutatur illud a Ioanne Tritemio complurib(us) argumentis. Inprimis ait, Chronologia, seu temporis ratio refragatur. Deinde Dagobertus rex non fuit dominus Duringiae, sed Pipinus Magister domus. Non ergo potuit Dagobertus donare monasterio tot villas, et nemora, aliaque, omnia, quae in Duringia dicitur habuisse. Refert autem is fundamentum Petrini coenobii ad Guilelmum abbatem Hirsaugiensem, qui anno Dominicae nativitatis millesimo sexagesimo nono in Abbatiae Hirsaugiensis sedem collocatus est. Controversia sic dirimitur, ut dicamus Dagobertum seu Clodoveum, qui anno Christi 719. mortuus est, fundatorem primum, VVilhelmum vero post ruinam prioris coenobii, fundatorem secundum fuisse, ut habet Monasterii Hirsaugiensis Chronicon Ioannis Tritemii.

At ut alia coenobia, et templa ex liberalissimis eleemosynis et donationibus principum, nobilium, magnatum, virorum et mulierum piarum constructa sunt: sic hoc etiam Petrinum monasterium collationibus huiusmodi auctum esse, verisimile est. Interim insigne sex liliorum, quod in porta caenobii conspicitur, Francicam originem non obscure ostendit. Quanquam in fastigio templi eiusdem monasterii versus ar-

707: Dagobert, König der Franken

Dass das Kloster des St. Petrus von Dagobert [III.], dem König der Franken und Sohn des Chlothar [IV.], um das Jahr 707 gegründet wurde, überliefert die Meinung vieler. Von ihm erhielt offenbar auch das Dorf in der Nähe der Stadt den Namen Dabersted, als ob es Dagoberts Stadt sei. Es gibt eine Gründungsurkunde dieses Klosters, die im Namen Dagoberts verfasst und mit seinem Siegel versehen ist und in der in der Tat die Privilegien, Freiheiten, Einkünfte und viele Weiler, die namentlich aufgezählt werden, diesem Kloster zugewiesen werden.

Dies aber wird von Johannes Trithemius [1559] mit mehreren Argumenten widerlegt. Erstens sagt er, die Chronologie oder Zeitrechnung widerspricht dem. Der Herrscher Thüringens war damals nicht König Dagobert, sondern Pippin [d. J.], der Hausmeier. Daher konnte Dagobert dem Kloster nicht so viele Dörfer, Wälder und alles andere schenken, was er angeblich in Thüringen besessen hat. Trithemius führt die Gründung des Petrus-Klosters auf Wilhelm, den Abt von Hirsau, zurück, der im Jahr 1069 nach Christi Geburt in das Amt des Abtes von Hirsau eingesetzt wurde. Der Streit wird so beigelegt, dass man sagt, Dagobert [III.] oder Chlodoveus [Chlothar IV.], der im Jahr Christi 719 gestorben ist, sei der erste Gründer, Wilhelm aber nach dem Untergang des ersten Klosters der zweite Gründer gewesen, wie es in der *Chronik* des Klosters Hirsau von Johannes Trithemius steht.

Wie andere Klöster und Kirchen aus den äußerst freigebigen Almosen und Spenden von Fürsten, Adligen, Magnaten, frommen Männern und Frauen errichtet wurden, so ist es auch wahrscheinlich, dass dieses Petrus-Kloster durch solche Beiträge erweitert wurde. Mittlerweile zeigt das Wappen, das am Tor des Klosters zu sehen ist, mit sechs Lilien nicht undeutlich die fränkische Herkunft. Dennoch sind auf dem Giebel der Kirche desselben Klosters zur Burg hin auch zwei Drachen zu

cem etiam duo dracones visuntur in saxo incisi, quorum alter infantem involutum rictu aperto deglutire velle videtur: alter similiter hiante ore de vorare cupit hominem. Quod Gothorum monumentum est.

Anno Christi 743. Bonifacius caepit Erfurdiae construere cathedralem Ecclesiam B(eatae) Mariae, eo consilio, ut summum templum esset episcopatus, quem illic fundare in animo habebat. Ideoque episcopum Adelarium illi praeficiebat. At confirmatio episcopatus nulla a Pontifice Romano impetrari potuit, quod nondum muris circumdata esset urbs. Nihilominus tamen Adelarius episcopi titulum, quoad vixit, retinuit.

Muris et moenibus demum cincta est, et in urbis formam redacta circa annum Christi millesimum centesimum sexagesimum tertium.

Sed citius multo ab Othone Magno praefectura Erfordiae constituta est, in qua collocati fuere fortes et prudentes viri, qui ius ibi dicerent, et pericula si qua impenderent, propulsarent. Cum vero caesus in acie esset Burckardus Duringorum rex, magna pars Duringiae ab Othone dioecesi Moguntinae attributa est. Et eodem tempore Guilelmus Othonis filius archipraesul Moguntinus permissu patris Duringiam omnem tenuit. Ex quo factum, ut successores eius in hoc archiepiscopatu merum imperium in urbe Erfurdia usurparint, et per vicedominos illam gubernarint, quorum unus fuit Ludovicus Barbatus, cuius posteri etiam Duringiam Landgraviorum titulo rexerunt, donec ad Henricum illustrem ex VVitekindo stemmate natu Hermanni Duringie Landgravii nepotem, circa annum Christi 1250. ditio Duringica devenit, retinente suum ius sede Moguntina in urbe Erfurdia.

sehen, die in Stein gemeißelt sind, von denen der eine ein [in Windeln] eingewickeltes Kind mit offenem Rachen verschlingen will; der andere will ebenso mit offenem Rachen einen Mann verschlingen. Dies ist ein Denkmal der Goten.

743: Bonifaz und Exkurs zur Bistumsgeschichte

Im Jahr Christi 743 begann Bonifaz in Erfurt mit dem Bau der Kathedrale der Seligen Maria, mit der Absicht, sie zur Hauptkirche eines Bistums zu machen, das er dort zu gründen plante. Deshalb setzte er den Bischof Adelar als Oberhaupt ein. Doch es konnte keine Bestätigung des Bistums römischen Papst erlangt werden, weil die Stadt noch nicht mit Mauern umgeben war. Dennoch behielt Adelar bis zu seinem Tod den Titel eines Bischofs.

Mit Mauern und Befestigungen wurde die Stadt schließlich umgeben und in die Form einer Stadt gebracht, um das Jahr Christi 1163.

Jedoch wurde die Verwaltung von Erfurt viel früher von Otto [I.] dem Großen eingerichtet, der starke und kluge Männer dort stationierte, die Recht sprachen und drohende Gefahren abwehrten. Nachdem Burchard, der König der Thüringer, in einer Schlacht getötet worden war, wurde ein großer Teil Thüringens von Otto [I.] dem Erzbistum Mainz zugeschlagen. Zu jener Zeit besaß Wilhelm, der Sohn Ottos [I.], Mainzer Erzbischof, mit Erlaubnis seines Vaters ganz Thüringen. Daher machten sich seine Nachfolger in diesem Erzbistum das volle Herrschaftsrecht in der Stadt Erfurt zu eigen und regierten sie durch Statthalter, von denen einer Ludwig der Bärtige war, dessen Nachkommen ebenfalls Thüringen mit dem Titel Landgraf regierten, bis das Land an Heinrich [IV. Raspe], einen Nachkommen von Hermann, dem Landgrafen von Thüringen aus dem Geschlecht Wittekind, um das Jahr Christi 1250 überging, wobei der Mainzer Stuhl seine Rechte in der Stadt Erfurt behielt.

Anno autem Chr. 1165. muri et turres huius urbis a Landgravio Ludovico ferreo, iussu imperatoris Friderici deiecta sunt, quas postea episcopus Christianus reparavit.

Conventum in eadem urbe habuit Rudolphus Imperator anno C. 1290. in quo non solum imperii proteres, sed etiam Caesaris filii et filiae affuerunt, item Fridericus et Dicemannus cum patre Alberto Duringia Landgravio. Reliquit memoriam sui vigilantissimus ille Imperator in hac urbe perpetuam. Nam adiutus a civibus arces praedonum Erfurdie imminentes sexaginta sex destruxit, et cives quosdam seditiosos gladio percussit in foro. Ita tam urbem, quam regionem pacavit. Mansit autem imperator in hac urbe annum apud Monachos D(ivi) Petri, propter bella, et varia negotia, quae praesenti illius consilio et opera expedienda erant.

Anno Christi 1228. praedicatores Erfurdiam venerunt, et coenobium aedificare caeperunt.

Minorum vero fratrum coenobium aedificatum est intra muros anno C. 1232. cum antea per annos undecim extro urbem habitassent.

1165: Friedrich I. Barbarossa und Exkurs zu den Kaisern

Im Jahr 1165 nach Christus wurden die Mauern und Türme dieser Stadt vom Landgrafen Ludwig [II.] dem Eisernen auf Befehl des Kaisers Friedrich [I. Barbarossa] niedergerissen, die später Bischof Christian [I. von Buch] wieder aufbaute.

Eine Versammlung [Reichstag] hielt in derselben Stadt Kaiser Rudolf [I.] im Jahr Christi 1290 ab, bei der nicht nur die Fürsten des Reiches, sondern auch die Söhne und Töchter des Kaisers anwesend waren, ebenso Friedrich [I. der Freidige] und Dietzmann [I.] mit ihrem Vater Albrecht [II. dem Entarteten], dem Landgrafen von Thüringen. Dieser sehr wachsame Kaiser hinterließ in dieser Stadt ein bleibendes Andenken an sich. Er zerstörte nämlich mit Unterstützung der Bürger 66 Burgen von Räubern, die Erfurt bedrohten, und richtete einige aufständische Bürger auf dem Marktplatz hin. So befriedete er sowohl die Stadt als auch die Region. Der Kaiser blieb ein Jahr lang in dieser Stadt bei den Mönchen des Heiligen Petrus wegen der Kriege und der verschiedenen Angelegenheiten, die seine Gegenwart und seinen Rat benötigten.

1228: Klosterbauten

Im Jahr Christi 1228 kamen Prediger nach Erfurt und begannen, ein Kloster zu bauen.

Das Kloster der Minoriten [Barfüßer] wurde im Jahr 1232 nach Christus innerhalb der Mauern errichtet, nachdem sie zuvor elf Jahre außerhalb der Stadt gelebt hatten.

Nec ita multo post, nempe anno Christi 1335. dissidium, atrox inter Erfurdiam et Duringiae Landgravium Fridericum extitit. Et Langravius quidem ope Caesaris, et archiepiscopi nitebatur. Erfurdia vero socios et adiutores habebat vicinos comites de Kefernberg, VVimaria, Bichlingen, et Glichen, qui tamen, simul atque viderunt, se parum effecturos esse, ad Landgravium defecerunt. Landgravius copias pararat magnas: Erfurdienses contra 300. milites conduxerunt. Quibus eductis multum detrimenti afferebant rebus Landgravi, oppida aliquot diripiebat, et Cranchfeldum ditionis Schvvartzburgicae cum 60. hominibus exurebant.

Causa autem tanti odii alia fere non erat; nisi quod Erfurdienses Hermannum a Bibra S. Mariae templi Decanum, et nonnullos alios captivos tenebant. Cum igitur Landgravius Erfurdianos circumsedisset hebdomadas sedecim, et damni plurimum dedisset, praelium in prulio commissum est, in quo amissi ex utraque parte multi fuerunt. Sed defatigati diuturnitate belli cives ad pacem faciendam senatum impulerunt. Sic composita lite cum Landgravio in concordiam redierunt.

Alia bella gessit non levia, ex quorum incommodis plurimis tandem didicit pacem et ocium amare et colere studiosius.

Anno Christi 1351. coepta est aedificatio chori ad S. Mariam, quae constitisse dicitur argenti marcis 20 000. Eodem tempore etiam extructi sunt gradus lapidei, quibus ascenditur ad D(ivi) Petri caenobium.

1335: Krieg mit dem Landgrafen

Nicht lange danach, nämlich im Jahr Christi 1335, brach ein heftiger Konflikt zwischen Erfurt und Friedrich [II. dem Ernsthaften], dem Landgrafen von Thüringen, aus. Der Landgraf stützte sich auf die Hilfe des Kaisers und des Erzbischofs, während Erfurt die Grafen von Kevernburg [Käfernburg], Weimar, Beichlingen und Gleichen als Verbündete und Helfer hatte, die jedoch, sobald sie sahen, dass sie wenig ausrichten konnten, zum Landgrafen überliefen. Der Landgraf stellte eine große Truppe auf; die Erfurter hingegen warben 300 Soldaten an. Mit diesen zogen sie los, fügten dem Landgrafen großen Schaden zu, plünderten einige Städte und brannten Kranichfeld im Gebiet von Schwarzburg mit 60 Mann nieder.

Der Grund für diesen großen Hass war fast nichts anderes, als dass die Erfurter Hermann von Bibra, den Dekan der Kirche der St. Maria, und einige andere gefangen hielten. Nachdem der Landgraf die Erfurter 16 Wochen lang belagert und ihnen großen Schaden zugefügt hatte, kam es zur Schlacht im Brühl, in der auf beiden Seiten viele getötet wurden. Doch ermüdet von der Länge des Krieges, bedrängten die Bürger den Rat, Frieden zu schließen. So wurden der Streit beigelegt und die Eintracht mit dem Landgrafen wiederhergestellt.

Er führte weitere nicht unbedeutende Kriege, aus deren vielen Nachteilen er schließlich lernte, den Frieden und die Ruhe eifriger zu lieben und zu pflegen.

1351: Bau des Chores der Kirche St. Maria

Im Jahr Christi 1351 begann der Bau des Chores an der [Kirche] St. Maria, der 20 000 Silbermark gekostet haben soll. Zur gleichen Zeit wurden auch die steinernen Stufen [*gradus*, Graden] gebaut, die zum Kloster des Heiligen Petrus führen.

Academia seu schola universalis fundata est anno Christi 1392. imperante VVenceslao, ad quam archiepiscopus Moguntinus nihil contulit, sed oppidani precibus suis privilegia a Pontifice Romano Bonifacio IX. impetrarunt, quod diplomata pontificia demonstrant. Cancellarius tantummodo Academiae iam constitutae datus est Moguntinus archiepiscopus, more aliarum Academiarum veterum, quae suos quaeque habent cancellarios, archiepiscopos, aut episcopos plaerumque autoritatis, honoris et dignitatis causa a pontifice concessos, atque tributos, ut nihil uspiam esset, quod non contineretur in potestate pontificis Rom(ani).

Quemadmodum autem civitas ipsa rerum omnium ad victum cultumqe necessariarum copia ditata fuit: ita Academia eruditis hominibus olim, liberalissimisque studiis affluxit in veteri barbaria, et densa artium et literarum caligine. Simul atque vero lux maior linguarum et disciplinarum exorta est in vicinis Academus Vitebergensi praesertim et Lipsiensi: Erfurdiensis collapsa pene diffluxit, et vehementer diminuta est, quod stipendia, quae docentibus numerarentur, nulla essent constituta.

Accessit tamen anno 1510. etiam oppidanorum quaedam importunitas, improbitate quorundam studiosorum excitata, ut adductis bombardis oppugnatio collegiorum tentata sit: cum tamen consilio et ratione componi dissidium omne, quod extiterat, absque dubio potuisset melius. Ita odium saepe incendit furorem, qui vincit iudicium et bachatur in Musas, quae profligatae semel non facile eo revertuntur, unde cum ignominia aut iniuria eiectae sunt.

1392: Gründung der Universität und Exkurs zu deren weiterer Geschichte

Die Universität oder allgemeine Schule wurde im Jahr Christi 1392 gegründet, unter der Herrschaft von [König] Wenzel [von Luxemburg]. Zu ihr trug der Erzbischof von Mainz nichts bei; vielmehr erlangten die Stadtbürger durch ihre Bitten die Privilegien vom römischen Papst Bonifaz IX., wie die päpstlichen Urkunden zeigen. Als Kanzler wurde der bereits gegründeten Universität nur der Mainzer Erzbischof gegeben, nach dem Brauch anderer alter Universitäten, die jeweils ihre Kanzler, meistens Erzbischöfe oder Bischöfe, aus Gründen der Autorität, Ehre und Würde vom Papst zugewiesen bekommen haben, damit es nichts gäbe, was nicht in der Macht des römischen Papstes stünde.

So wie der Staat selbst mit allem, was für den Lebensunterhalt und die Kultur notwendig war, reichlich ausgestattet war, so blühte auch die Universität inmitten der alten Barbarei und der dichten Dunkelheit der Wissenschaften und der Literatur mit gelehrten Männern und den äußerst Freien Studien [Wissenschaften] auf. Doch als zugleich in den benachbarten Universitäten, besonders in Wittenberg und Leipzig, das Licht der Sprachen und Disziplinen heller aufging, zerfiel die Erfurter Universität fast völlig und wurde stark reduziert, da keine Gehälter für die Lehrenden festgelegt waren.

Hinzu kam jedoch im Jahr 1510 die Unnachgiebigkeit einiger Bürger, ausgelöst durch die Unverschämtheit einiger Studenten, dass mit herbeigezogenen Geschützen der Versuch unternommen wurde, die *Collegia* anzugreifen, obwohl der Streit, der entstanden war, zweifellos besser durch Beratung und Vernunft hätte beigelegt werden können. So entzündet der Hass oft die Wut, die das Urteil überwindet und gegen die Musen wütet, die, wenn sie einmal niedergeschlagen sind, nicht leicht dorthin zurückkehren, von wo sie mit Schande oder Unrecht vertrieben wurden.

Quanquam interim viros nonnullos praeclara eruditione instructos retinuit, qui doctrinam puriorem artium, et verbi divini coluerunt et propagarunt, et quod laude immortali dignum, ex eadem etiam prodiit Martinus Lutherus, Witebergam inde vocatus ad docendum anno Christi 1508. Nec parum ad ornandam eandem Academiam attulit Eobanus Hessus, et ali, quorum nomina in oratione nostra de Erfurdia recitantur in *Rhetorica.*

Circa annum vero 1560. erigere sese, et paulum respirare caepit, cum in consilium universitatis nonnulli Evangelicam religionem profitentes cooptati sunt. Hi enim quamvis pauci numero scripta didactica Philippi Melanch(thonis), Ciceronis, aliorumque authorum utriusque linguae interpretati sunt, et politiorem doctrinam in cunctis disciplinis explicarunt, disputationes item exercitationesque liberales ex fontibus haustas protulerut.

Quorum studio excitati sunt cives et senatores, ut pro sua virili parte eorum multi ornare, augereque Academiam conarentur. Senatus enim anno Christi 1561. paedagogium in coenobio Augustiniano, cuius incolae monachi fere omnes e vita cesserant, instituit, in quo ad publicam doctrinam percipiendam idonei redderentur adolescentuli.

In Academia vero ipsa, ut professores aliquanto meliores esse, et stipendia copiosiora eis numerari possent, cives quidam primarii, honesteque de utilitate literarum et dignitate sentientes effecerunt. Alii enim 1000. alii 200. alii 100. aut 50. pro suis quisque facultatibus Academiae donarunt, ut ex censibus perpetuis ali professores possent.

Dennoch behielt die Universität einige Männer mit ausgezeichneter Gelehrsamkeit. Diese pflegten und verbreiteten die reinere Lehre der Wissenschaften und des göttlichen Wortes, und es ist des unsterblichen Lobes würdig, dass aus ihr auch Martin Luther hervorging, der im Jahr Christi 1508 nach Wittenberg berufen wurde, um zu lehren. Auch trugen Eoban Hessus und andere nicht wenig zur Zierde derselben Universität bei, deren Namen in unserer Rede über Erfurt in der *Rhetorik* erwähnt werden [s. o. S. 48/49].

Um das Jahr 1560 begann die Universität sich aufzurichten und ein wenig zu erholen, als einige, die sich zur evangelischen Religion bekannten, in den Rat der Universität aufgenommen wurden. Obwohl sie nur wenige waren, interpretierten sie die Lehrschriften von Philipp Melanchthon, Cicero und anderen Autoren beider Sprachen, erklärten die verfeinerte Lehre in allen Disziplinen und führten ebenso freie [wissenschaftliche] Diskussionen und Übungen durch, die aus den Quellen geschöpft wurden.

Durch ihren Eifer wurden die Bürger und Ratsherren angeregt, so dass viele von ihnen nach ihren Kräften bemüht waren, die Universität zu verschönern und zu erweitern. So richtete der Rat im Jahr Christi 1561 ein *Paedagogium* [Ratsgymnasium] im Augustinerkloster ein, dessen Mönche fast alle verstorben waren, in dem Heranwachsende auf die öffentliche [Universitäts-]Lehre vorbereitet werden sollten.

In der Universität selbst sorgten einige führende Bürger, die ehrenvoll über den Nutzen und die Würde der Literatur dachten, dafür, dass die Professoren etwas besser waren und sie angemessenere Gehälter erhielten. Einige gaben der Universität 1000, andere 200, wieder andere 100 oder 50 je nach ihren Möglichkeiten, damit aus den ständigen Einnahmen Professoren bezahlt werden konnten.

Hinc adeo factum est, ut etiam confessionis Augustane formula publice explicata sit, et post eam alia scripta prophetica, et Apostolica enarrata. In quo quidem doctrina, artium, literarum et Theologiae cursu adhuc Academia perseverat, nec de exercitationibus publicis disputationum, et conferendorum graduum quicquam remittit.

Exemplum pompae in doctorum iuris actu, et renunciatione adhibitum est, cum anno Christi 1506. Joannes Reinbot, et loannes de Saxen ex familiis oriundi doctores creati equis 271. ut spectaculum darent, urbem circumierunt.

Hostem habuit circa annum C. 1472. a quo subornatus putabatur monachus ex Portae monasterio ad Salam, qui igne passim clanculum iniecto ad 6000. aedes in cineres redegit. Monachus vero captus in foro forcipibus candentibus est discerptus.

Chronica Duringiae memorant Guilelmum Saxoniae ducem anno Christi 1470. pactionem fecisse cum Erffurdiensibus, Mulhusinis, et Northusanis de mutua fide, et auxilio adversus vim quamcunque. Cum igitur Dux Guilelmus hostem suum Apelium Vicethumium obsideret in arce Tannerode, Erffurdienses subsidio ei venerunt. Quod indigne ferens Vicethumius monachum ad incendendam Erffurdiam conduxit, et incitavit.

So geschah es, dass auch die *Confessio Augustana* öffentlich erklärt und danach andere prophetische und apostolische Schriften ausgelegt wurden. Auf diesem Weg der Lehre, der Wissenschaften, der Literatur und der Theologie verharrt die Universität noch immer, und sie gibt nichts von den öffentlichen Übungen der Disputation und der Verleihung von [akademischen] Graden auf.

Ein Beispiel für den bei der Verleihung des Doktorgrades im Jahr Christi 1506 verwendeten Prunk war, dass Johannes Reinbot und Johann von Sachsen [d. J.], aus adligen Familien stammend, als Doktoren auf 271 Pferden die Stadt umrundeten, um ein Schauspiel zu bieten.

1472: Stadtbrand

Einen Feind hatte Erfurt um das Jahr 1472, von dem man annahm, dass er einen Mönch aus dem Kloster Porta [Schulpforta] an der Saale bestochen hatte, der heimlich an verschiedenen Stellen Feuer legte und etwa 6000 Häuser in Asche verwandelte. Der Mönch wurde jedoch gefasst und auf dem Marktplatz mit glühenden Zangen zerrissen.

Die Chroniken Thüringens berichten, dass Wilhelm [III.], Herzog von Sachsen, im Jahr Christi 1470 eine Vereinbarung mit den Leuten von Erfurt, Mühlhausen und Nordhausen über gegenseitiges Vertrauen und Hilfe gegen jegliche Gewalt getroffen hatte. Als Herzog Wilhelm seinen Feind Apel Vitzthum [d. J.] in der Burg Tannroda belagerte, kamen die Erfurter ihm zu Hilfe. Das nahm Vitzthum übel und bestach und ermutigte den Mönch, Erfurt in Brand zu setzen.

In certamine diuturno inter Albertum Landgravium degenerem, et filios eius Fridericum et Dicemannum de Duringia, non parum mali propter vicinum malum passa est Erffurdia. Sed cum Fridericus tandem Isenacum obtineret, pulsus Albertus Erffurdiam profugit, ibique in Monasterio Petrino cum 12. personis latuit, victum vero a Senatu accepit. Ipse vicissim pagos propinquos illi vendidit, donavit, oppignoravit.

Hos cum Fridericus filius reposceret, Mittelhusium Erffurdienses citavit. At illi cum Mulhusinis et Northusanis adversus Fridericum sese coniunxerunt, cui etiam eductis suis copiis damni multum dederunt, neque sacris, neque profanis parcentes, donec a Marchione fusi, et multi eorum capti sunt, in quorum numero etiam Erffurdensium capitaneus, Ludovicus a Guttern fuit. Hi omnes numerata pecuniae summa non exigua sese redimere coacti sunt.

Erectus hac victoria Fridericus Erffurdiam obsidione cinxit, et incommodis magnis affecit. At cum paulo post ipse a Marchione VVoldemaro in praelio captus, et iterum liberatus esset; hostium suorum et inter eos etiam Erffurdensium ferocitatem sic fregit, ut belli tandem pertaesi cives ad petendum pacem senatum compellerent. Sic ergo redemta pace, quiescere tam Erffurdia, quam Mulhusia, et Northusia caeperunt.

Zurück ins 14. Jahrhundert

1304–1309: Konflikt mit Albrecht II. von Meißen und seinen Söhnen und Ausblick

In einem langen Streit [1304–1309] zwischen Landgraf Albrecht [II.] dem Entarteten und seinen Söhnen Friedrich [I. dem Freidigen] und Dietzmann [I.] von Thüringen erlitt Erfurt wegen der Nachbarschaft dieses Übels nicht wenig Schaden. Doch als Friedrich schließlich Eisenach eroberte, wurde Albrecht vertrieben und floh nach Erfurt, wo er sich im Petrus-Kloster mit 12 Personen versteckte und vom Rat mit Nahrung versorgt wurde. Er verkaufte, verschenkte oder verpfändete im Gegenzug nahegelegene Dörfer an ihn.

Als [Markgraf] Friedrich [I. der Freidige], sein Sohn, diese zurückforderte, zitierten die Erfurter ihn nach Mittelhausen. Aber sie verbündeten sich mit den Leuten von Mühlhausen und Nordhausen gegen Friedrich, dem sie, als er seine Truppen mobilisierte, großen Schaden zufügten, ohne zwischen Heiligem und Weltlichem zu unterscheiden, bis sie vom Markgrafen geschlagen und viele von ihnen gefangen genommen wurden, unter denen sich auch der Erfurter Hauptmann Ludwig von Guttern befand. Alle diese wurden gezwungen, sich mit einer nicht geringen Geldsumme loszukaufen.

Durch diesen Sieg ermutigt, belagerte Friedrich Erfurt und fügte ihm großen Schaden zu. Doch als er kurz darauf vom Markgrafen Waldemar [d. Gr. von Brandenburg] in einer Schlacht gefangen genommen und dann wieder freigelassen wurde, brach er die Wildheit seiner Feinde und unter ihnen auch den der Erfurter so sehr, dass die Bürger, des Krieges müde, den Rat zwangen, um Frieden zu bitten. So wurde der Frieden erkauft, und Erfurt, Mühlhausen und Nordhausen begannen, wieder zur Ruhe zu kommen.

Non dissimili pene modo de Moguntina sede iura non pauca redemit Erffurdiensis Senatus, cum penuria aliqua praesens subsidium poposcit. Itaque fit, ut, cum homagii solennitatem singulis annis renovant cives, iurent, se iura domini sui Moguntini Archiepiscopi non imminuere, sed fideliter tenere velle.

Simmeriam vero oppidum nacta est Erffurdia circa annum Christi 1342. loco compensationis impensarum, quas fecerat in bello, quod cum comitibus duobus Vimariensi, et Svvartzburgico gessit Fridericus Severus Duringiae Landgravius.

Triste nimis est exemplum famis, quae anno Christi 1316. et iterum 1350. Erffurdiam atque adeo Duringia totam vexavit. Tanta enim difficultas fuit, annonaque caritas, ut panis non usque adeo magnus florino aestimaretur. Hinc vici, plateaeque omnes cadaveribus fame exhaustorum hominum in urbe fuerunt oppletae, inventique nonnulli mortui, qui gramen aut faenum adhuc in ore tenerent, quo famem suam explere voluerunt. Cum autem caemeteria in urbe singulis templis adiuncta tot cadavera minus caperent, res coegit facere foveas quinque extra urbem, quibus ea iniecta sunt. Pinsebatur panis ex arborum fructibus, lingebatur pulvis passim in molendinis, manducabantur vaccae mortuae, et crudae absque pane. Memoriae caussa longo tempore post panes minutissimi pisti sunt, quorum unus famis illius tempore tribus numis nostratibus valuit.

Auf nicht unähnliche Weise löste der Erfurter Rat eine nicht geringe Anzahl von Rechten des Mainzer Stuhls ab, als eine bestimmte Notlage ein sofortiges Hilfsmittel erforderte. So kommt es, dass die Bürger, wenn sie jedes Jahr die Huldigung erneuern, schwören, dass sie die Rechte ihres Herrn, des Mainzer Erzbischofs, nicht schmälern, sondern treu bewahren wollen.

Das Dorf Zimmern [Niederzimmern] erlangte Erfurt um das Jahr Christi 1342 als Entschädigung für die Ausgaben, die es im Krieg mit den beiden Grafen von Weimar und Schwarzburg getätigt hatte, der von Friedrich [III.] dem Strengen, dem Landgrafen von Thüringen, geführt wurde.

1316 und später: Hungersnöte, Pest und Bürgerstreit

Es gibt ein allzu trauriges Beispiel für eine Hungersnot, die im Jahr Christi 1316 und erneut 1350 Erfurt und ganz Thüringen heimsuchte. Die Not war so groß und das Getreide so teuer, dass ein Brot, das nicht besonders groß war, einen Gulden kostete. So waren alle Gassen und Straßen der Stadt mit den Leichen der an Hunger gestorbenen Menschen bedeckt und es wurden einige Tote gefunden, die noch Gras oder Heu im Mund hatten, mit dem sie ihren Hunger zu stillen versucht hatten. Da die Friedhöfe in der Stadt bei jeder Kirche nicht genügend Platz für so viele Leichen boten, mussten fünf Gruben außerhalb der Stadt angelegt werden, in die sie geworfen wurden. Brot wurde aus Baumfrüchten gebacken, Staub wurde in den Mühlen aufgeleckt, tote Kühe wurden ohne Brot roh gegessen. Zur Erinnerung wurden noch lange Zeit danach sehr kleine Brötchen gebacken, von denen eines während dieser Hungersnot drei unserer Münzen [Pfennige] kostete.

Non multo post pestis ingens invasit Duringiam maxime tamen vrsit Erffurdiam adeo, ut coemeteriis omnibus, quae in urbe sunt, repletis, foveas undecim facere oportuerit, in quas proiecta cadavera sunt 12 000. de qua re factum Distichon:

Mille trecentis decies quinis simul annis
Hic hominum necifex locat ter millia bis sex.

Cum autem Iudaei in suspicionem infectorum fontium, et puteorum venissent, in omnibus oppidis, et urbibus Duringiae interfecti sunt.

Obsidebat urbem Novesium infra Coloniam Carolus Burgundiae dux, cupiditate potius bellandi, quam iusta caussa incitatus anno C. 1474. Hanc ut imperator defenderet, auxilia omnium ordinum, et civitatum efflagitavit. Inter has ergo cum etiam Erffurdia copias suas 350. militum subsidio imperatori mitteret, summopere collaudata est eius fides, ipsaque civitas fidelis filia publice proclamata.

Duravit obsidio annum integrum. Impensas igitur facere magnas oportuit, quibus gravata est vehementer civitas. Compertum est enim aes alienum 400 000. florinorum hoc bello contractum esse. Accesserant forte alia causae quae es alienum et exactiones auxerunt. Quod indigne ferentes cives, senatum peculatus arguerunt.

Inde anno C. 1519. ad reddendum rationes acceptorum et expensorum adigere senatum ausi sunt, rationibusque subductis, inventa est summa 600 000. florinorum, qua gravata fuit Respublica. Ac cives quidem impulsores habebant canonicos, qui hortabantur, ut Moguntini episcopi opem

Nicht lange danach brach eine große Pest in Thüringen aus, die jedoch vor allem Erfurt heimsuchte, so dass, nachdem alle Friedhöfe in der Stadt gefüllt waren, elf Gruben angelegt werden mussten, in die 12 000 Leichen geworfen wurden. Dazu wurde ein Distichon verfasst:

> Im Jahr 1315 brachte hierher der Mörder von Menschen
> sechstausend und noch zweimal dreitausend.

Als die Juden in Verdacht gerieten, die Quellen und Brunnen vergiftet zu haben, wurden sie in allen Städten und Ortschaften Thüringens getötet.

Im Jahr 1474 belagerte Karl [I. der Kühne], Herzog von Burgund, die Stadt Neuss unterhalb von Köln, mehr aus Kriegslust als aus einem gerechten Grund. Um diese zu verteidigen, forderte der Kaiser Hilfstruppen von allen Ständen und Städten an. Unter diesen schickte auch Erfurt seine Truppen von 350 Soldaten als Unterstützung an den Kaiser, und der Treue dieser Stadt wurde großes Lob ausgesprochen: Sie wurde öffentlich als »treue Tochter« proklamiert.

Die Belagerung dauerte ein ganzes Jahr. Daher mussten große Ausgaben getätigt werden, welche die Stadt stark belasteten. Es wurde nämlich festgestellt, dass durch diesen Krieg eine Schuldenlast von 400 000 Gulden angehäuft worden war. Es gab möglicherweise auch andere Ursachen, welche die Schulden und Abgaben erhöhten. Dies wurde von den Bürgern so schlecht aufgenommen, dass sie den Rat der Veruntreuung beschuldigten.

Daher wagten sie es im Jahr 1519 [Satzfehler für 1509], den Rat zur Rechenschaft über die Einnahmen und Ausgaben zu ziehen, und nachdem die Rechnungen geprüft wurden, stellte man fest, dass die Summe, mit welcher der Staat belastet war, 600 000 Gulden betrug. Die Bürger hatten als Anstifter die Kanoniker [Domherren], die sie ermutigten, die Hilfe des

implorarent. Senatus vero duce Saxoniae Friderico Electore nitebatur. Sed furor plebis erat tantus, ut senatorem primarium in custodiam raperet, et post annuam captivitatem in furca suspensum strangularet. Extorta est ei vi confessio aversae pecuniae publicae, sed ante mortem, et quidem in ipsa confessione ultima coram sacerdote omni asseveratione confirmavit, se nihil eorum in se admisisse, quae in tormentis confessus esset. Fortasse insolentia poenas dedit, quod se plebi, atque adeo communitati toti anteposuit: quae est communitas, inquiens: Ego sum.

Distracta erat civitas in partes tres, quarum una ad principis Saxoniae, altera ad Moguntim praesulis, tertia ad civitatis ductum sese applicabat. Et antea quidem ex familiis, tunc vero ex opificibus senatores delecti sunt. Et ne memoria gubernationis tyrannicae sub familiis obliteretur, singulis annis in solennitate homagii ea renovatur.

Attracti sunt consiliarii Moguntini, qui saepius in curiam venientes omnia arcana senatus scrutati sunt, et arctius obligare cives ad obediendum archiepiscopo conati sunt. Sed prolatae sunt tandem litere, atque diplomata, quae demonstrarunt civitatem iam ante data pecunia sese ab obedientia Moguntini praesulis liberasse, nec iurare aliud debere, quam quod velit operam dare, ut archiepiscopi ius, quod habet in civitate, conservetur.

Mainzer Bischofs zu erbitten. Der Rat hingegen stützte sich auf den sächsischen Kurfürsten Friedrich [III. den Weisen]. Aber der Zorn des Volkes war so groß, dass es den führenden Ratsherrn [Bürgermeister] gefangen nahm und ihn nach einem Jahr Gefangenschaft am Galgen aufknüpfte und damit erdrosselte. Unter Gewalt erpresste man ihm ein Geständnis der Veruntreuung öffentlicher Gelder ab, aber vor seinem Tod und auch in seiner letzten Beichte vor einem Priester beteuerte er mit aller Entschiedenheit, dass er keines der Verbrechen begangen habe, die er unter Folter gestanden hatte. Vielleicht wurde ihm seine Überheblichkeit zum Verhängnis, weil er sich dem Volk und sogar der gesamten Gemeinschaft vorangestellt hatte, wobei er sagte: »Was ist die Gemeinde? Ich bin sie.«

Die Stadt war in drei Parteien gespalten, von denen eine dem sächsischen Fürsten, die andere dem Mainzer [Erz-]Bischof und die dritte der Führung der Stadt folgte. Früher wurden Ratsherren aus den Familien gewählt, jetzt aber aus den Handwerkern. Und damit die Erinnerung an die tyrannische Regierung durch die Familien nicht vergessen werde, wird sie jedes Jahr in der feierlichen Huldigung erneuert.

Mainzer Räte wurden hinzugezogen, die oft ins Rathaus kamen, alle Geheimnisse des Rats durchforschten und versuchten, die Bürger strenger zu verpflichten, dem Erzbischof zu gehorchen. Doch schließlich wurden Briefe und Urkunden vorgelegt, die zeigten, dass die Stadt sich schon früher durch die Zahlung von Geld von der Gehorsamspflicht gegenüber dem Mainzer [Erz-]Bischof befreit hatte und nichts anderes schwören musste, als dass sie sich bemühen wolle, die Rechte des Erzbischofs zu bewahren, die er in der Stadt hat.

Interim tantopere dissentientibus, et tumultuantibus civibus, archiepiscopus suum commodum non parum auxit. Obtinuerat a civibus, ut liceret sibi in foro aedificare telonium ad exigendum vectigal, quod habet in urbe. Quo impetrato domum extruxit eam, qua postea tumultuantes rustici magno labore diruerunt. Cum a creditoribus vehementer urgerentur cives, et quocunque proficiscebantur, manus in eos iniicerentur, Caesar edixit, ne quis creditor intra quadriennium aliquid ab iis exigeret.

Maeror, et squalor civitatis fuit magnus, senatores antiqui exulabant, et quantum quisque necere poterat Erffurdiensibus, tantum detrimenti afferebat. Cum annos novem durasset haec confusio, cives pertaesi sortis miserabilis, in gratiam redire cum principibus Saxoniae cupiverunt. Et archiepiscopus quidem venire Erffurdiam voluit opitulaturus civitati, sed interclusum est illi iter a Saxoniae principe. Tandem igitur anno C. 1516. dissidium et controversia inter Saxoniae principem et Erffurdienses Buttelsteti composita est, reversique sunt in urbem exules, et tranquillitas secuta.

Anno Chr. 1426. Erffurdienses impetum Boëmorum metuentes contra eos advocarunt episcopum Hildesheimensem, qui adduxit viros 450. Is in aula S. Severi hebdomadas tres commoratus cum suis benigne habitus est a senatu. Advenere etiam multi ex Franconia, Buchonia, Eisfeldia, ut numero esseni amplius 2000. equites. Hi cibum capiebant in monasterio praedicatorum, et nudipedum, ubi ponte strato super leram ex vno in alterum coenobium transitus patebat. Vo-

Als mittlerweile die Bürger so sehr uneins und aufrührerisch waren, vergrößerte der Erzbischof seinen Vorteil nicht wenig. Er hatte von den Bürgern erreicht, dass es ihm erlaubt wurde, auf dem Markt ein Zollhaus zu bauen, um die Abgaben einzutreiben, die er in der Stadt hatte. Nachdem dies erreicht war, errichtete er ein Haus, das später von aufständischen Bauern mit großem Aufwand zerstört wurde. Als die Bürger von den Gläubigern heftig bedrängt wurden und überall, wo sie hinkamen, Hand an sie gelegt wurde, verfügte der Kaiser, dass vier Jahre lang kein Gläubiger etwas von ihnen fordern durfte.

Der Kummer und die Verwahrlosung der Stadt waren groß, die alten Ratsherren waren im Exil und jeder von ihnen schadete den Erfurtern so sehr, wie er nur konnte. Nachdem diese Verwirrung neun Jahre gedauert hatte, waren die Bürger ihres elenden Schicksals überdrüssig und wünschten, sich mit den sächsischen Fürsten zu versöhnen. Der Erzbischof wollte zwar nach Erfurt kommen, um der Stadt zu helfen, doch wurde ihm der Weg vom sächsischen Fürsten [Herzog] versperrt. Schließlich wurde im Jahr 1516 die Zwietracht und der Streit zwischen dem sächsischen Fürsten und den Erfurtern in Buttelstedt beigelegt; die Exilierten kehrten in die Stadt zurück und Ruhe folgte.

1426: Befürchteter Angriff aus Böhmen

Im Jahr 1426 fürchteten die Erfurter einen Angriff der Böhmen und riefen den Bischof von Hildesheim zu Hilfe, der 450 Mann mitbrachte. Er blieb drei Wochen lang im Hof von St. Severus und wurde vom Rat freundlich aufgenommen. Auch viele aus Franken, dem Buchengau [im heutigen Osthessen] und dem Eichsfeld kamen, so dass ihre Zahl über 2000 Ritter betrug. Diese nahmen ihre Mahlzeiten in den Klöstern der Prediger und der Barfüßer ein, wo eine Brücke über die Iera den Übergang von einem Kloster zum anderen ermöglichte. Der Mainzer Erzbischof wollte ebenfalls mit seinen Truppen kommen,

luit eodem venire cum copiis suis archiepiscopus Moguntinus, sed post quam compertum est, Boëmos abisse, dimissa etiam sunt ista auxilia persolutis stipendiis.

Anno Christi 1451. Nicolaus de Cusa Cardinalis venit Erffurdiam, et comitatu, pompaque magna introductus est primum in urbem, postea ex foro in cathedrale templum S. Mariae et Severi, ubi decantati sunt hymni. Inde in coenobium S. Petri equitavit, et osculum pacis cunctis monachis dedit.

Dominica vocem iucunditatis in cespite S. Petri concionem habuit ad populum, in qua consilium pontificis Romani, cuius legatus erat, exposuit.

In die ascensionis Christi iterum concionatus est de suggestu lapideo ad ambitum cavum. Dominica Exaudi denuo in cespite S. Petri orationem habuit, quam populus tanta frequentia audivit, ut ob multitudinem non nulli sint oppressi.

Eadem dominica coronavit novum abbatem, ministrantibus ei senatoribus. Tandem aperuit caussam legationis sua, ut videlicet iis, qui iubileum coram visere non potuissent, Papae iussu indulgentias impertiret. Constituit igitur ad eam rem 12. viros, quorum sex potestatem haberent atrociora, reliqui sex leviora peccata remittendi pontificis loco. Quaestus autem pontificis is erat, ut poenitentiam agerent omnes, et quam pecuniae summam itinere Romano ad iubileum consumsissent, eam in ararium deponerent, et certis diebus certa templa in urbe obirent, aliaque facerent quibus peccata expiantur.

aber als bekannt wurde, dass die Böhmen abgezogen waren, wurden auch diese Hilfstruppen entlassen, nachdem ihre Besoldung bezahlt worden war.

1451: Nikolaus von Kues und der Ablasshandel

Im Jahr Christi 1451 kam Nikolaus von Kues, Kardinal, nach Erfurt und wurde mit großem Gefolge und Prunk zunächst in die Stadt, dann vom Markt in die Kathedrale St. Maria und Severus eingeführt, wo Hymnen gesungen wurden. Danach ritt er ins Kloster St. Petrus und gab allen Mönchen den Friedenskuss.

Am Sonntag *Vocem Iucunditatis* [*Rogate*] hielt er auf dem Rasen von St. Petrus eine Predigt an das Volk, in der er den Willen des römischen Papstes, dessen Gesandter er war, erläuterte.

Am Tag von Christi Himmelfahrt predigte er erneut von der steinernen Kanzel am hohlen Aufgang. Am Sonntag *Exaudi* hielt er wieder eine Predigt auf dem Rasen von St. Petrus, die das Volk in solcher Zahl hörte, dass einige aufgrund der Menge erdrückt wurden.

An demselben Sonntag krönte er den neuen Abt, wobei ihm die Ratsherren ministrierten. Schließlich erklärte er den Grund seiner Gesandtschaft, nämlich dass er im Auftrag des Papstes denen, die nicht persönlich zum Jubeljahr nach Rom kommen konnten, Ablässe gewähre. Er setzte also dafür zwölf Männer ein, von denen sechs die Macht hatten, schwerere, die übrigen sechs leichtere Sünden anstelle des Papstes zu vergeben. Der Gewinn des Papstes bestand darin, dass alle Buße tun sollten und die Summe Geld, die sie für die Reise nach Rom zum Jubeljahr ausgegeben hätten, nun in die Kasse einzahlen und an bestimmten Tagen bestimmte Kirchen in der Stadt besuchen und andere Dinge tun sollten, um ihre Sünden abzubüßen.

Anno 1479. arx Cyriaci in colle versus occasum sita ante portam prulianam condita est, translatis monialibus, quae in colle isto habitabant, in urbem, ex qua coenobium S. Cyriaci in prulio reliquum est. Caussa translationis monialium, et condite arcis Cyriaci fuit: Ernesti Misniae ducis filius archiepiscopus Moguntiae futurus erat. Iccirco duces Misniae aulam, quam habent archipraesules Moguntini Erffurdiae, emere cupiebant. Quod concedere eis Erffurdienses nolebant: Permissum quidem esse archipraesulibus dicebant, ut intra urbem habereat aulam, sed ita, ut area Erffurdensium esset. Inde sibi invidiam magnam conflarunt Erffurdienses, et cum potentia Marchionum Misniae metuendam esse viderent, arcem et alia loca urbis magis muniverunt, ut Duringia Chronicon habet.

Anno autem 1483. Albertus dux Misniae archiepiscopatum Moguntinum adeptus est, et coeperunt duces Misniae reposcere. atque persequi bona, quae per Albertum degenere alienata, et ad Erffurdienses translata erant. Disceptatum igitur est diu: sed coacti tandem sunt Erffurdienses Misnie ducibus aliquot pagos cum summa quadam pecuniae dare.

1479: Bau der Cyriacus-Festung

Im Jahr 1479 wurde die Festung des Cyriacus auf dem Hügel in Richtung Westen vor dem Brühler Tor errichtet, nachdem die Nonnen, die auf diesem Hügel gewohnt hatten, in die Stadt verlegt worden waren, wovon das Kloster St. Cyriacus im Brühl übrig geblieben ist. Der Grund für die Verlegung der Nonnen und den Bau der Cyriacus-Festung war Folgender: Der Sohn des Herzogs von Meißen, Ernst, sollte Erzbischof von Mainz werden. Deshalb wollten die Herzöge von Meißen den Hof kaufen, den die Erzbischöfe von Mainz in Erfurt hatten. Dies wollten die Erfurter ihnen jedoch nicht zugestehen. Sie sagten, den Erzbischöfen sei erlaubt worden, einen Hof innerhalb der Stadt zu haben, aber so, dass das Grundstück den Erfurtern gehöre. Daher zogen die Erfurter große Missgunst auf sich, und als sie sahen, dass die Macht der Markgrafen von Meißen zu fürchten war, bauten sie die Festung und andere Orte der Stadt stärker aus, wie es die *Chronik* Thüringens berichtet.

1483: Konflikt mit Adalbert III.

Im Jahr 1483 wurde Adalbert [III.], Herzog von Meißen, Erzbischof von Mainz, und die Herzöge von Meißen begannen, die Güter zurückzufordern und zu verfolgen, die durch Albrecht [II.] den Entarteten entwendet und auf die Erfurter übertragen worden waren [s. o. S. 76/77]. Es wurde lange darüber gestritten, aber schließlich waren die Erfurter gezwungen, den Herzögen von Meißen einige Dörfer und eine bestimmte Summe Geld zu geben.

Anno Christi 1497. campana grandis fusa est ab Erardo de Campen. Pondus habuit 270. centenariorum, et baptisata est a D. Ioanne a Lasphe, in aede D(ivae) Mariae. In circumferentia habet 14. cubitos cum sesquiquadrante.

Religio reformata mature in hanc civitatem invecta est, et attributa ad eius usum nonnulla templa cum eorum reditibus, de quibus tamen inter pontificios et Evangelicos diu disceptatum est.

Concionem ibi habuit Martinus Lutherus, cum anno 20. VVormaciam ad comitia ivit, multosque prima illa concione ad amorem emicantis lucis accendit. Fuit id temporis in senatu ascitus quidam lanius, qui illucescente Euangelio Lutheranos vocitabat canes haereticos, dicebatque se ligna ad comburendum eos esse collaturum. De quo appellatus est a filio suo huiusmodi verbis: Quid ais, pater? utinam ligna nobis suppeterent ad macerandum hordeum, et ad coquendum cerevisiam. Redactus est hic lanio, Cocus cognomento, ad tantam inopiam, ut in hospitali de eleemosynis vivere coactus sit.

Primi concionatores reformatae doctrina erant M. Forcheim, qui propinato veneno extinctus est, et D. Culsamer, postea M. Aegidius Mechler. In senatu hostes Evangelii erant acerrimi senatores aliquot primarii. Contra inveniobantur nonnulli etiam eiusdem patroni aequi, et fideles, quos nominatim recensere odiosum forte fuerit.

1497: Guss der großen Glocke

Im Jahr Christi 1497 wurde eine große Glocke von Erhard [Gerhard] von Kampen gegossen. Sie hatte ein Gewicht von 270 Zentnern und wurde von Hr. Johannes [Bonemilch] von Laasphe in der Kirche der St. Maria getauft. Im Umfang hat sie 14 Ellen und 1½ Viertel.

1520: Reformation in Erfurt

Die reformierte Religion wurde früh in diese Stadt eingeführt, und einige Kirchen mit ihren Einkünften wurden ihrem Gebrauch zugewiesen, über die dennoch lange Zeit zwischen den Päpstlichen und den Evangelischen gestritten wurde.

Martin Luther hielt dort eine Predigt, als er im Jahr 1520 nach Worms zum Reichstag ging, und entflammte durch diese erste Predigt viele zur Liebe des aufstrahlenden Lichts. Zu jener Zeit war ein gewisser Fleischer im Stadtrat aufgenommen worden, der, als das Evangelium dämmerte, die Lutheraner ketzerische Hunde nannte und sagte, er werde Holz zu ihrer Verbrennung beisteuern. Daraufhin wurde er von seinem Sohn mit folgenden Worten angesprochen: »Was sagst du, Vater? Ach, hätten wir doch genug Holz, um Gerste [zur Malzherstellung in warmem Wasser] einzuweichen und Bier zu brauen!« Dieser Fleischer mit dem Beinamen Koch wurde in so große Armut gestürzt, dass er gezwungen war, im Hospital von Almosen zu leben.

Die ersten Prediger der reformierten Lehre waren Magister Forcheim, der durch verabreichtes Gift ums Leben kam, und Hr. Culsamer, später Magister Aegidius Mechler. Im Stadtrat gab es einige der schärfsten Gegner des Evangeliums unter den führenden Ratsherren. Andererseits gab es auch einige gleichgesinnte und treue Förderer derselben, die namentlich aufzuführen vielleicht verdrießlich wäre.

Nundinae in hac urbe sunt geminae ad S. Martinum unae, ad Trinitatis festum alterae, quas ab imperatoribus Ludovico et Friderico III. impetravit.

Tempore belli Germanici Mauricius praesidium militum Erffurdiam misit ad versus Ioannem Fridericum Electorem, idque eorum impensis ali voluit. Tum missis consiliariis potestatem sibi dari postulavit ingrediendi urbem et egrediendi ad tutandam eam, cautionem pollicens, nihil ex ea re periculi aut incommodi eventurum, sed non intravit. Revera autem haec civitas in tutela et praesidio Saxonia Ducum latet.

Exkurs: Jahrmärkte

Jahrmärkte gibt es in dieser Stadt zwei: einen am [Tag von] St. Martin und einen anderen am Fest der Dreifaltigkeit. Sie wurden von den Kaisern Ludwig [IV.] und Friedrich III. erlangt.

1542: Konflikt mit Moritz von Sachsen

Zur Zeit des Deutschen Krieges [heute als Wurzener Fehde bekannt, 1542] sandte Moritz [von Sachsen] eine Garnison von Soldaten nach Erfurt gegen Johann Friedrich [I. den Großmütigen], den Kurfürsten, und verlangte, dass diese auf Kosten der Stadt verpflegt würden. Dann schickte er Räte und forderte, dass ihm die Erlaubnis gegeben werde, die Stadt zu betreten und zu verlassen, um sie zu schützen, wobei er Sicherheit dafür versprach, dass daraus keine Gefahr oder Unannehmlichkeit entstehen würde, aber er betrat die Stadt nicht. Tatsächlich liegt diese Stadt unter dem Schutz und der Schirmherrschaft der Herzöge von Sachsen.

Beigabe

Melchior Adam:

Matthaeus Dresserus (1615)

† 1607, die 5. Octobr(is) aetat(e) 71. Erfordiae.

Patria huic in Germania contigit Thuringia, eiusque provinciae caput *Erfordia*: ubi modicis parentibus natus est, anno salutis instauratae tricesimo sexto, supra mille quingentos, die vigesimo quarto Augusti memoriae S. Bartholomaei consecrato, et infami laniena illa Parisiensi, quae post annos ab huius ortu trigesimo sexto accidit.

Institutio pueritiae

Puer litteris imbutus in patria est: inde Islebiae in Comitatu Mansfelodiae.

VVittember(gam) abit

Post incrementis laudabiliter factis ad scholas publicas sese contulit primum Wittembergam, ad audiendum Lutherum et Philippum: sed diu ibi non mansit, propterea quod perpetuis morbis ibi conflictaretur.

Beigabe

Melchior Adam:

Matthäus Dresser (1615)

† 1607, am 5. Oktober, im Alter von 71 in Erfurt.

Heimat war ihm in Deutschland Thüringen, und zwar die Hauptstadt jener Provinz, Erfurt, wo er am 24. August [15]36 von bescheidenen Eltern geboren wurde, einem Tag, der dem Gedenken an den St. Bartholomäus geweiht und wegen des berüchtigten Massakers [an den Hugenotten] in Paris berüchtigt werden sollte, das sich 36 Jahre nach seiner Geburt ereignen sollte.

Ausbildung in der Knabenzeit

Als Knabe wurde er in seiner Heimat, von dort aus in Eisleben in der Grafschaft Mansfeld, im Schreiben unterrichtet.

Er geht nach Wittenberg

Nachdem er lobenswert Fortschritte gemacht hatte, ging er auf öffentliche Schulen, zunächst nach Wittenberg, um Luther und Philipp [Melanchthon] zu hören; aber er blieb nicht lange dort, weil er dort ständig von Krankheiten geplagt wurde.

Redit in patriam

Reversus Erfordiam, praeceptorem habuit in Graeca lingua *Mauritium Sidemanum.*

Docet ibi

Inde paulo post ipse docere cepit: et tandem Magister artium renuntiatus est Erfordiae anno quinquagesimo nono; et ibi artes dicendi docere cepit privatim. Postea allectus a patria ad scholae trivialis informationem, et in Philosophicorum professorum numerum, litteras Graecas ac humaniores docuit: laboremque omnem promovendis scholae commodis ac sublevandis discentum necessitatibus, impendit Decanatus etiam munere non semel functus.

Coniugium

Anno sexagesimo quinto coniugem duxit *Iulianam*, filiam *Erasmi Sarcerii* Theologi: quae diem suum obiit anno nonagesimo octavo. Inde transiit ad secundas nuptias Lipsiae cum M. *Cordes* relicta filia.

Ienam vocatur

Patriae Academiae et Senatus paedagogio, quod in Coenobio S. Augustini instituit, cum ad annos sedecim inservisset: *Ienam*, ex Academiae decreto, et Principum Electorum, Palatini et Saxonis, tutorum consensu atque mandato, ad profitendam doctrinam eloquentiae et historiarum, loco Iusti Lipsii, qui paulo ante discesserat, fuit accersitus. Quo et venit, atque anno septuagesimo quarto, mense Novembri

Er kehrt in die Vaterstadt zurück

Nach Erfurt zurückgekehrt, wurde Moritz [Irrtum für Martin] Seidemann sein Lehrer in der griechischen Sprache.

Er lehrt dort

Kurz darauf begann er selbst zu lehren und wurde im Jahr [15]59 zum Magister Artium in Erfurt ernannt, wo er begann, die Künste des Redens privat zu unterrichten. Später wurde er von seiner Vaterstadt berufen, an einer Elementarschule zu unterrichten und zu den Professoren der Philosophie zu zählen, und lehrte die griechische Literatur und Humanismus. Er widmete seine ganze Arbeitskraft der Förderung der Vorteile der Schule und der Linderung der Bedürfnisse der Lernenden und bekleidete auch mehrmals das Amt des Dekans.

Eheschließung

Im Jahr [15]65 ehelichte er Juliana, die Tochter des Theologen Erasmus Sarcerius, die im Jahr [15]98 verstarb. Danach ging er in Leipzig eine zweite Ehe mit der Witwe von Magister [Euricius] Cordes ein, der eine Tochter hinterließ.

Er wird nach Jena berufen

Nachdem er in seiner Heimat an der Universität und dem *Paedaogium* des Rats [Ratsgymnasium], das im Kloster des St. Augustinus eingerichtet worden war, gedient hatte, wurde er auf Anordnung der Universität und mit Zustimmung und Auftrag der Kurfürsten, Pfälzer und Sachsen, nach Jena berufen, um anstelle des kurz zuvor abgereisten Justus Lipsius die Lehre der Beredsamkeit und Geschichte zu übernehmen. Dort angekommen, hielt er im November des Jahres [15]74 eine öf-

orationem ibi de Eloquentiae et historiarum studio publice habuit: quae inter ceteras eius orationes exstat.

Item Lipsiam et ad scholam Portensem at Misnensem

Paulo post ab illustriss(imo) Principe *Augusto*, Saxoniae duce, et Electore, optio ipsi facta est inter tria munia: *unum* in ludo illustri ad Salam, *alterum* in Academia Lipsensi, quod mortuo Ioachimo Camerario pridem vacare ceperat: *tertium* in ludo illustri ad Albim.

Misnensem praefert

Hic obsecutus est Deo et magistratui, et ex pluribus delegit Misnensem ludum, cum praesertim intelligeret Principi Electori constitutionem illius vel inprimis curae esse.

Ericus Volckmarus a Berlepsch

Legatus hac in re fuit *Ericus Volckmarus a Berlepsch*, Electoris Consiliarius intimus, et Thuringiae praeses. Qui et imposterum affectionem paternam in ludum illum: in Dresserum vero benevolentiam summam constanter declaravit. Praefuit ei annis sex.

fentliche Rede über das Studium der Beredsamkeit und der Geschichte, die unter seinen anderen Reden bewahrt ist.

Ebenso nach Leipzig und an die Schulen von Pforta und Meißen

Kurz darauf stellte ihn der erlauchte Prinz August, Herzog von Sachsen und Kurfürst, vor die Wahl zwischen drei Ämtern: eines an der erlauchten Schule [Schulpforta] an der Saale, ein weiteres an der Leipziger Universität, das seit dem Tod von Joachim Camerarius vakant war, und ein drittes an der erlauchten Schule [St. Afra Meißen] an der Elbe.

Er zieht [die Schule in] Meißen vor

Er gehorchte Gott und dem Magistrat und entschied sich für die Schule in Meißen, vor allem, weil er verstand, dass die Verfassung dieses Ortes für den Kurfürsten von besonderer Bedeutung war.

Erich Volckmar von Berlepsch

Der Gesandte in dieser Angelegenheit war Erich Volckmar von Berlepsch, der Geheimrat des Kurfürsten und Oberhauptmann von Thüringen, der danach stets väterliche Zuneigung zu dieser Schule und größtes Wohlwollen gegenüber Dresser zeigte. Dieser leitete die Schule sechs Jahre lang.

Lipsiam accersitus fit professor

Inde anno octuagesimo primo in Academiam Lipsensem vocatus est: ad docendum utramque linguam loco *Gregorii Bersmanni*; ubi ipsi paulo post commendata est ex aula *continuatio historiae Saxonicae* cum honesto stipendio.

Dissidium inter Aristotelicos et Ramaeus

Venit autem Lipsiam eo tempore; quo (verba referimus ipsius Dresseri) anceps malum in Academiam illam invaserat: dum nonnulli argutias Rami, repudiata doctrina Aristotelis et Melanchthonis, invehere conarentur: alii religionis quaedam dogmata ad sensum Calvini inflecterent.

Utrumque extremum declinare ipse cupiebat: et quoniam concertatio de Rami novitatibus Philosophicam communitatem vehementer conturbarat; abstinendum sibi ab eius consortio esse putavit, ne in medium certamen atque discrimen se obiceret.

at Berlepsius, Electoralis commissarius, eum a proposito dimovit, gravi oratione appellans: *Quid tu*, inquiens, *tibi sumis? an non putas me quoque lites et conflictiones studiose fugere? interim tamen subire me oportet insuavissimos labores cognoscendi et dirimendi controvaersias.* Ubi vero cognovit cum Rami doctrina coniunctam esse illius dogmatis disceptationem; magno animi ardore pestiferum id genus amovere conatus est.

Nach Leipzig geholt wird er Professor

Dann, im Jahr [15]81, wurde er an die Leipziger Universität berufen, um anstelle von Gregor Bersmann beide Sprachen [Griechisch und Latein] zu lehren, wo er kurz darauf vom Hof mit der Fortführung der sächsischen Geschichte für ein ehrenvolles Gehalt betraut wurde.

Streit zwischen Anhängern des Aristoteles und des Ramus

Er kam zu einer Zeit nach Leipzig, als (wir zitieren Dressers eigene Worte) ein schweres Übel in jene Universität eingedrungen war. Einige versuchten, die Sophistereien des Ramus [Pierre de la Ramée] einzuführen und die Lehre des Aristoteles und des [Philipp] Melanchthon zu verwerfen; andere versuchten, bestimmte religiöse Dogmen im Sinne Calvins zu beeinflussen.

Er wollte beide Extreme vermeiden, und da die Kontroverse über die Neuerungen des Ramus die philosophische Gemeinschaft sehr beunruhigt hatte, hielt er es für das Beste, sich ihrer Gemeinschaft zu enthalten, um sich nicht dem Streit und der Gefahr auszusetzen.

Aber Berlepsch, der kurfürstliche Kommissar, brachte ihn von seinem Vorhaben ab, indem er ihn mit einer ernsten Rede ansprach: »Was nimmst Du Dir da heraus? Glaubst Du nicht, dass auch ich sehr darauf bedacht bin, Streitigkeiten und Konflikte zu vermeiden? Dennoch ist es für mich notwendig, mich den unangenehmsten Mühen des Verstehens und der Beilegung von Kontroversen zu unterziehen.« Als er begriff, dass die Ramus-Lehre mit der Debatte über dieses Dogma verbunden war, versuchte er mit großem Eifer, diese verderbliche Art von Dingen zu beseitigen.

Scriptum in Dresserum

Idem Berlepschius omnes vias persecutus est; quibus scriptum adversus Dresserum editum a Ramaeis, profligaret, et in aurores iusta severitate animadverteret. *Memini*, inquit, *Parisiis quantas turbas, quantas caedes pepererit Rami secta.* Quin et in haec verba gravitate magna erupit: *quid quaeritis? Ramismus est gradus ad Calvinismum.*

Docuit deinde et vixit Lipsiae Dresserus ad finem viate ita: ut ingenii vi, doctrinaeque copia, et dicendi facultate, certarit cum nemine: studio vero, industria et sedulitate faciendi muneris impositi operas, aequare bonos omnes cupierit. Amicitia usus est praecipuorum in Germania, et extra eam virorum, quorum fama litteris celebratur.

Lis de quatuor Monarchiis

Litem ei movit *I. Bodinus* de quatuor Monarchiis: quem errorem communem ei cum Iudaeis Dresserus refutatum ivit scriptis, quae foras data ab ipso sunt.

Obitus Dresseri

Naturae concessit Lipsiae anno septimo supra mille sexcentos, die quinto Octobris; cum vixisset annos septuaginta unum, mensem unum, dies tredecim.

Schreiben an Dresser

Derselbe Berlepsch suchte nach allen Mitteln, um das von den Ramisten gegen Dresser veröffentlichte Werk zu widerlegen und die Autoren mit gerechter Strenge zu bestrafen. »Denke daran,« sagte er, »wie viele Tumulte, wie viele Gemetzel die Sekte des Ramus in Paris verursacht hat!« Und mit großem Ernst brach er in diese Worte aus: »Was fragt Ihr? Der Ramismus ist ein Schritt in Richtung Calvinismus!«

Dann lehrte und lebte Dresser in Leipzig bis zum Ende seines Lebens in der Weise, dass er zwar mit niemandem in der Kraft seines Verstandes, der Fülle seiner Gelehrsamkeit und der Fähigkeit seiner Rede wetteiferte, aber dennoch allen guten Menschen an Eifer, Fleiß und der Gewissenhaftigkeit der Erfüllung der ihm übertragenen Aufgaben gleichkommen wollte. Er genoss die Freundschaft der bedeutendsten Männer in Deutschland und darüber hinaus, deren Ruhm in der Literatur gefeiert wird.

Streit über die vier Reiche

Zwischen ihm und Johannes Bodinus [Jean Bodin] entstand ein Streit über die vier Reiche [*Daniel* 2 und 7], dessen Irrtum, den er mit den Juden teilte, Dresser in Schriftenx widerlegte, die von ihm [1581] veröffentlicht wurden.

Tod Dressers

Er starb am 5. Oktober 1607 in Leipzig, nachdem er 71 Jahre, 1 Monat und 13 Tage gelebt hatte.

Scripta

Elucubravit tum alia, tum haec: *Rhetoricam*, inventionis, dispositionis, et elocutionis exemplis, sacris et profanis quam plurimis illustratam: *Gymnasmatum literaturae Graecae libros tres*, orationum, epistolarum, et poematum ex auctoribus sacris ac profanis, cum exemplis modum scribendi monstrantibus: *Isaegogen historicam* per millenarios distributam, et ad annum usque nonagesimum primum, supra mille quingentos deductam: Varias item orationes in unum corpus redegit, iucundas lectu et dignas scitu: cum aliis libellis iuventuti scholasticae utilibus.

Ex programmate funebri, scriptis Dresseri, bibliothecis, et aliis.

Schriften

Er arbeitete an verschiedenen Werken, insbesondere an folgenden: *Rhetorik*, illustriert mit vielen heiligen und weltlichen Beispielen von Auffindung, Anordnung und Ausdruck; *Übungen zur griechischen Literatur in drei Büchern*, bestehend aus Reden, Briefen und Gedichten von heiligen und weltlichen Autoren, mit Beispielen, welche die Art des Schreibens zeigen; *Einführung in die Geschichte*, verteilt nach Jahrtausenden und fortgesetzt bis zum Jahr [15]91. Er stellte auch verschiedene Reden in einem Corpus zusammen, angenehm zu lesen und würdig zu wissen; mit anderen kleinen Büchern, die der gelehrten Jugend nützlich sind.

[Diese Angaben stammen] aus dem Beerdigungsprogramm, Dressers Schriften, Bibliotheken und anderen Quellen.

Anhang

Literaturhinweise

»VD16» bzw. »VD17« bezieht sich auf das *Verzeichnis der im deutschen Sprachraum erschienenen Drucke des 16. bzw. 17. Jahrhunderts,* siehe www.vd16.de bzw. www.vd17.de.

Vorlagen

Dresser, Matthaeus: RHETORI-||CA INVENTIONIS ET || Dispositionis, illustrata & locu-||pletata quàm plurimis Exem-||plis, Sacris & Philo-||sophicis:|| ... || Scripta in Academia Erphordensi,|| A MATTHAEO DRESERO. Basel 1567 [VD16 D 2763], S. 399–421

Dressser, Matthaeus: De praecipuis GERMANIAE URBIBUS PENE DVCENTIS Matthei Dresseri ISAGOGES HISTORICAE Pars Quinta. Leipzig 1606, S. 224–248 [VD17 23:255630B], Nachdruck Leipzig. 1613 [VD17 14:076284Z]
Übersetzung. Von den Fürnembsten Städten deß Deutschlande. Ein kurtzer aber doch eigentlicher Bericht Matthaei Dresseri, Welcher ist der fünffte theil deß Buchs so genennet wird Isagoge Historica Leipzig 1607 [VD17 3:302232T], S. 181–200. In dieser Version ist zum sog. »Tollen Jahr« 1509 der Satzfehler 1519 korrigiert; die lateinischen Verse der Vorlage bleiben unübersetzt.

Weitere angeführte Werke aus dem 16. und 17. Jh.

Adam, Melchior: Vitae Germanorum philosophorum, Bd. I, Frankfurt am Main 1615 [VD17 12:649038C], S. 495–497

Dresser, Matthaeus: Oratio Basilii Magni, cui titulus est, quod Deus non sit auctor malorum, Basel 1567 [VD16 B 718]

– Oratio de quattuor monarchiis sive summis imperiis a daniele Propheta expressis, contra veterem Ivdaeorum errorem, hoc tempore à Ioanne Bodino Gallo, in methodo historica renouatum, Leipzig 1581 [VD16 D 2737 u. a.]

Luther, Martin: Kai Brodersen, Luthers Aufruf zur Gründung von Schulen, an denen Alte Sprachen gelehrt werden (1524) Speyer: 2023 [nach VD16 L 3792]
Moker, Anton: Kai Brodersen, Anton Moker, Schulleben in Erfurt (1583). Speyer 2024 [nach VD16 M 5945]
– Hyldesia. Stadtgeschichte von Hildesheim (1573). Hildesheim 2024 [nach VD16 M 5950]
Trithemius, Johannes: Chronicon insigne monasterii Hirsaugiensis, Basel 1559 [VD16 T 1967]

Biographisches zu Dresser und Seidemann

Erhard, Heinrich August: Dresser, Matthaeus, in: Ersch, Johann Samuel / Gruber, Johann Gottfried: Allgemeine Encyclopädie der Wissenschaften und Künste, 1. Sektion, Bd. 27, Leipzig 1836, S. 423–424
Grimm, Heinrich: Dresser (Drescher), Matthäus, in: Neue Deutsche Biographie (NDB), Bd. 4, Berlin 1959, S. 112
Kämmel, Heinrich Julius: Dresser, Matthäus, in: Allgemeine Deutsche Biographie (ADB), Bd. 5, Leipzig 1877, S. 398–401
Müller, Johann August: Versuch einer vollständigen Geschichte der Chursächsischen Fürsten- und Landesschule zu Meissen, Bd. 2, Leipzig 1789, S. 61–92
NN: Dresser, Matth., in: Jöcher, Christian Gottlieb: Allgemeines Gelehrten-Lexicon, Bd. 2, Leipzig 1750, Sp. 217–218
NN: Dresserus, Matthaeus, in: [Zedler, Johann Heinrich:] Grosses vollständiges Universal-Lexicon Aller Wissenschafften und Künste. Band 7, Leipzig 1734, Sp. 1433–1444
NN (»L.«): Etwas von Martin Seidemann oder Sidemann, in: Neues Allgemeines Intelligenzblatt für Literatur und Kunst, zur Neuen Leipziger Literaturzeitung gehörend, 34. Stück, 13. August 1808, Sp. 529–533
Schmuck, Vincentius: Leichpredigt / Von der lenge und breite menschliches lebens / aus dem 90. Psalm: Bey dem begräbniß des … Herrn D. Matthaei Dresseri, Utriusque linguae & historiarum in Academia Lipsensi Professoris, Leipzig 1607 [VD17 1:026027F und 125:035529X]

Zur Gattung des Städtelobs

Kugler, Hartmut: Städtelob, in: Ueding, Gert (Hg.): Historisches Wörterbuch der Rhetorik, Bd. 8. Darmstadt 2007, 1319–1325

Zur Geschichte von Erfurt

Raßloff, Steffen: Geschichte der Stadt Erfurt. Erfurt 2012, 6. Aufl. 2024

In den Texten genannte historische Personen

Adalbert von Sachsen, 1467– 1484, als Adalbert III. Administrator des Erzbistums Mainz
Adelar, † 755, erster Bischof von Erfurt
Albrecht II. der Entartete, 1240–1314/1315, Landgraf von Thüringen, dann auch Markgraf von Meißen
Apel Vitzthum d. J., vor 1425 – 1475, Ritter in Tannroda
Arcadius, um 377 – 408, Sohn des Theodosius I., seit 395 oströmischer Kaiser
August, 1526–1586, Kurfürst von Sachsen
Barbarossa s. Friedrich I.
von Berlepsch, Erich Volckmar, um 1525 – 1589, Oberhofrichter in Leipzig und Oberhauptmann in Thüringen
Bersmann, Gregor, 1538–1611, Philologe und lateinischer Dichter
Bodin, Johannes (Jean), 1529/30–1596, Jurist und Staatstheoretiker
Bonifaz, um 673 – 754/755, Mönch und Missionar Thüringens
Bonifaz IX., 1350–1404, Papst seit 1389
Burchard von Thüringen, † 908, Markgraf und Herzog der Thüringer
Calvin, Johannes, 1509–1564, Reformator
Camerarius, Joachim, d. Ä., 1500–1574, Humanist
Chlothar IV., † 719, seit 717 König der Franken in Austrasien
Christian I. von Mainz, Graf von Buch, 1130–1183, Erzbischof von Mainz und Erzkanzler des Reichs
Cordes, Euricius, 1486–1535, Humanist, Botaniker
Culsamer, Johannes, 1509–1525, Theologe
Dagobert III., 699–715/716, seit 711 König der Franken

Dietzmann (Dietrich) IV., um 1260 – 1307, seit 1298 als Dietrich I. Landgraf von Thüringen

Eoban Hessus, Helius, 1488– 1540, Humanist und Dichter

Ernst, 1441–1486, Kurfürst von Sachsen, Landgraf in Thüringen und Markgraf zu Meißen

Forcheim, Georg, Magister, um 1521, Theologe

Friedrich I. Barbarossa, um 1122–1190, seit 1155 Kaiser

Friedrich I. der Freidige, 1257–1323, Markgraf von Meißen und Landgraf von Thüringen

Friedrich II. der Ernsthafte, 1310–1349, Landgraf von Thüringen und Markgraf von Meißen

Friedrich III. 1415–1493, seit 1452 Kaiser

Friedrich III. der Strenge, 1332–1381, Landgraf von Thüringen und Markgraf von Meißen

Friedrich III. der Weise, 1463–1525, seit 1486 Kurfürst von Sachsen

von Guttern, Ludwig, Hauptmann in Erfurt zur Zeit Albrechts II.

Heinrich IV. Raspe, 1204–1247, Landgraf von Thüringen und 1246/47 Gegenkönig zu Kaiser Friedrich II. und dessen Sohn Konrad IV.

Heinrich der Fromme (1473-1541), Herzog von Sachsen, Markgraf von Meißen

Hermann I., um 1155 – 1217, Landgraf von Thüringen

Hermann von Bibra, Dekan der Kirche St. Maria in Erfurt, 14. Jh.

Honorius, 384–423, Sohn des Theodosius I., seit 395 weströmischer Kaiser

Johann Friedrich I. von Sachsen der Großmütige, 1503–1554, Kurfürst und Herzog von Sachsen

Johann d. J. von Sachsen, 1498–1537, Erbprinz des Herzogtums Sachsen

Jonas, Justus, d. Ä., 1493–1555, Reformator

van Kampen, Gerhard Wou, um 1440 – 1527, Glockengießer

Karl I. der Kühne, 1433–1477, Herzog von Burgund

Laasphe: Johannes Bonemilch von Laasphe (um 1434 – 1510), Humanist und Weihbischof

Lang, Johannes, um 1487 – 1548, Reformator

Lipsius, Justus, 1547–1606, Humanist

Lucius, angeblich abtrünniger römischer Fürst im 5. Jh.

Ludwig der Bärtige, † 1056 oder 1080, Landgraf

Ludwig II., der Eiserne, 1128–1172, seit 1140 Landgraf von Thüringen

Ludwig IV. der Bayer, 1282/1286–1347, seit 1328 Kaiser

Luther, Martin, 1483–1546, Reformator
Mechler, Aegidius, † 1547, Theologe
Melanchthon, Philipp, 1497–1560, Reformator
Mergius / Merovingius [Merovech], nach der Mitte des 5. Jh.s Kleinkönig über die salischen Franken
Moritz von Sachsen, 1521–1553, seit 1547 Kurfürst
Nikolaus von Kues (Nicolaus Cusanus), 1401–1464, Theologe, Kardinal
Otto I. der Große, 912–973, seit 962 Kaiser
Petrus Mosellanus, 1493–1524, Humanist
Pippin d. J., 714–768, seit 751 König der Franken
Ramus, Petrus (de la Ramée, Pierre), 1515–1572, Humanist
Reinbot, Johannes, Promovierter in Erfurt 1506
Rudolf I., 1218–1291, seit 1273 römisch-deutscher König
Sarcerius, Erasmus, 1501–1559, Theologe
Seidemann (Seidemannus), Martin, † 1558, Humanist
Strigel, Victorin, 1524–1569, Theologe
Sturtz (Sturtius), Georg, 1490–1548, Humanist, Arzt
Theodosius I. d. Gr., 347–395, seit 379 römischer Kaiser
Trithemius, Johannes, 1462–1516, Humanist
Valens, 328–378, seit 364 oströmischer Kaiser
Waldemar der Große, um 1280–1319, seit 1302 als Mitherrscher Markgraf der Mark Brandenburg, seit 1309 Alleinherrscher von Brandenburg
Wenzel von Luxemburg der Faule, 1361–1419, von 1376 bis zu seiner Absetzung 1400 römisch-deutscher König
Wilhelm, 929–968, Sohn Ottos I., seit 954 Erzbischof von Mainz
Wilhelm von Hirsau, um 1030–1091, Abt des Klosters Hirsau
Wilhelm III. der Tapfere, 1425–1482, Herzog von Sachsen

Register

WEITERE BÜCHER AUS DER GESCHICHTE ERFURTS

Luthers Aufruf zur Gründung von Schulen, an denen Alte Sprachen gelehrt werden (Erfurt 1524)

1. Aufl. Speyer 2023, 124 Seiten, ISBN 978-3-939526-59-9 – 7 Euro

Martin Luther (1483–1546) schrieb 1524 an die Ratsherren der deutschen Städte: Wir brauchen neue Schulen, an denen die Alten Sprachen unterrichtet werden und die damit einen eigenen kritischen Zugang zum Bibeltext ermöglichen. Jungen und Mädchen sollten überhaupt gut gebildet werden, da die Kirche und insbesondere auch der Staat tüchtigen und gebildeten Nachwuchs benötigen. Luthers Ratsherrenschrift führte schon bald vielerorts zur Gründung von evangelischen Ratsschulen, die oft noch heute als Humanistische Gymnasien Bestand haben. Die vorliegende Ausgabe präsentiert Luthers Schrift in der in bei Wolfgang Stürmer (Paulstraße 21) in Erfurt 1524 publizierten Fassung in Kopie, Transkription und Übertragung und erschließt sie mit einer Einleitung, Erläuterungen und Register.

Ein Enchiridion oder Handbüchlein geistlicher Gesänge und Psalmen (Erfurt 1524)

2. Aufl. Speyer 2011, 108 Seiten, ISBN: 978-3-939526-03-2 – 6 Euro

1524 wurde in Erfurt im Haus zum Färbefass (Pergamentergasse 16) das seither »Färbefass-Enchiridion« genannte Gesangbuch gedruckt, das rasch weite Verbreitung fand und dessen Lieder teils bis heute in den Gesangbüchern katholischer wie insbesondere evangelischer Kirchen stehen. Diese Lieder in der Weise zu singen, in der sie 1524 erschienen sind, ermöglicht die vorliegende Ausgabe. Nach einer Wiedergabe des Originaldrucks bietet sie in modernem Notensatz und singbaren Textfassungen die Erfurter Enchiridion-Lieder, »welche ein jeglicher Christ billig bei sich haben soll und tragen zu steter Übung, in welchen auch die Kinder mit der Zeit auferzogen und unterwiesen werden mögen.«

Adam Ries: Das erste Rechenbuch (Erfurt 1525)

1. Aufl. Speyer 2018, 228 Seiten, ISBN 978-3-939526-38-4 – 7,50 Euro

Das erste Rechenbuch von Adam Ries (oder Adam Riese, 1492–1559), das in Erfurt 1525 bei Mathes Maler im Haus zu Schwarzen Horn (Michaelisstraße 48) erschienen ist, wird hier in einem neuen Faksimile, einer Tran-

skription und einer modernen Übertragung zugänglich gemacht und durch eine ausführliche Einleitung erschlossen. Mit über hundert aus dem Leben gegriffenen Textaufgaben macht uns Ries das Rechnen in der frühen Neuzeit lebendig und bietet damit einen einmaligen Einblick in Handel und Wandel im Erfurt seiner Zeit. Das Buch ermöglicht zugleich, heute so zu rechnen wie ein Rechenmeister vor 500 Jahren.

Anton Moker: Schulleben in Erfurt (1583)

1. Aufl. Speyer 2024, 108 Seiten, ISBN 978-3-939526-70-4 – 6 Euro

Erfurt war im 16. Jahrhundert als ein Bildungsort berühmt. Am evangelischen Ratsgymnasium wurden wichtige Schulfächer, darunter Latein und Griechisch, unterrichtet, an der Universität war ein Studium in allen Fakultäten möglich. 1583 wurde der Erfurter Professor für Poesie und für Griechisch, Anton Moker (auch Moeker; um 1540-1607), zum Leiter des Ratsgymnasiums bestellt, das er zwei Jahrzehnte ebenso prägen sollte wie die Universität, an der er weiterhin tätig blieb. In seinen *Leges de moribus et disciplina scholastica* (Gesetze über Sitten und schulische Disziplin) regelte Moker das Schulleben – in lateinischen Hexametern! Beigegeben sind hier noch Mokers »Lehrprinzip und Studienordnung« und sein Gruß »an die Studenten der griechischen und lateinischen Sprache« (1583) sowie Mokers Kleinepos *Bellum scholasticum* (1564). Alle Texte sind nun erstmals ins Deutsche übersetzt. Der Band eröffnet so einen direkten Einblick in das Erfurter Schulleben jener Zeit.

Felix Thuringia Plaude:
Lateinische Bau-Inschriften im Stadtbild von Erfurt

3. Aufl. Speyer 2023, 96 Seiten, ISBN 978-3-939526-58-2 – 6 Euro

Felix Thuringia plaude, »glückliches Thüringen, applaudiere«: Das steht in Erfurt an den Substruktionen (Kavaten) des Dombergs auf einer Bau-Inschrift. Wer durch das historische Zentrum von Erfurt läuft, begegnet im Stadtbild solchen Inschriften immer wieder. Deren älteste entstanden im 14. Jahrhundert, die jüngsten sind noch keine 25 Jahre alt. Zusammen bieten die lateinischen Bau-Inschriften einen vielfältigen Einblick in die Geschichte der Stadt.